U0596814

本书受到海南师范大学中国语言文学省级A类重点学科、中国语言文学一级学科博士点资助
湖南省社科规划办、湘学研究院项目《湖湘文化基因与丁玲气质》（16XXYJ32）
海南省妇女／性别研究与培训基地

女性·作家·革命

美国学界丁玲研究史

彭江虹　著

中国出版集团　东方出版中心

图书在版编目（CIP）数据

女性·作家·革命: 美国学界丁玲研究史 / 彭江虹
著. —上海: 东方出版中心,2023.6
ISBN 978 - 7 - 5473 - 2204 - 8

Ⅰ.①女… Ⅱ.①彭… Ⅲ.①丁玲（1904 - 1986）—
人物研究②丁玲（1904 - 1986）—文学研究 Ⅳ.
①K825.6②I206.6

中国国家版本馆 CIP 数据核字(2023)第 092735 号

女性·作家·革命——美国学界丁玲研究史

著　　者　彭江虹
策划编辑　潘灵剑
责任编辑　李梦溪
封面设计　钟　颖

出 版 人　陈义望
出版发行　东方出版中心
地　　址　上海市仙霞路 345 号
邮政编码　200336
电　　话　021 - 62417400
印 刷 者　山东韵杰文化科技有限公司

开　　本　890mm × 1240mm　1/32
印　　张　6.375
字　　数　149 千字
版　　次　2024 年 1 月第 1 版
印　　次　2024 年 1 月第 1 次印刷
定　　价　78.00 元

　27岁的丁玲（1931年2月，丁玲的丈夫胡也频等左联五烈士被国民党杀害。同年5月，丁玲根据党组织的安排多次接受美国左翼作家史沫特莱的访问。两人一见如故，第一次见面就交谈了一个上午，并开始了她们一生的友谊。在此期间，丁玲认识了史沫特莱的私人秘书、左翼社会科学联盟成员、共产党员冯达。该照片由史沫莱特于1931年摄于上海。）

　　33岁的丁玲(1936年11月,丁玲历经南京三年囚禁后逃离国统区,并在党组织的安排下奔赴延安,得到中国共产党领导人的热烈欢迎;随后在毛泽东、张闻天的支持下筹备组织文协,后当红军奔赴前线。1936年12月30日收到毛泽东赠予的词《临江仙》电传稿:"壁上红旗飘落照,西风漫卷孤城。保安人物一时新。洞中开宴会,招待出牢人。纤笔一枝谁与似?三千毛瑟精兵。阵图开向陇山东。昨天文小姐,今日武将军。"该照片于1937年摄于山西。)

　48岁的丁玲(1952年3月15日,《太阳照在桑干河上》获得斯大林文艺奖金。丁玲此时正在苏联参加"果戈里逝世一百周年纪念会"。回国后丁玲把本次所获奖金全部捐赠给中华全国妇女儿童福利委员会。该照片摄于授奖当日。)

　　79 岁的丁玲(1983 年 4 月 15 日到 4 月 29 日,丁玲应法国总统密特朗邀请访问法国。4 月 27 日,密特朗总统在爱丽舍宫接见了丁玲等三位作家和两位中国科学家。密特朗总统钦佩、赞赏丁玲重视文学作品的社会教育作用。该照片是丁玲访法期间由一名法国摄影家所摄。)

目　　录

绪　　论

一、研究目的与意义

毋庸置疑，美国学界丁玲研究是当代中国比较文学研究中的一个经典选题，或者说是似乎被类型化了的命题。但笔者认为即使是被类型化的研究论题仍有学术创新的可能和空间，其关键取决于研究者在何种语境下如何进行研究，诸如使用了何种理论资源，运用了哪些具体研究手段和方法，体现了何种价值倾向等因素。这些"纠缠、糅杂在一起的"诸多因素综合地决定了该类选题是否仍具有当下的学术意义与价值。

（一）重新评价丁玲的需要

中国的 20 世纪是一个激烈变动的时代，发生了三次历史巨变，即辛亥革命、中华人民共和国的成立和改革开放。在剧烈变动、变革和转型中，中国仅仅用百年时间走过了西方国家花费了几百年所经历的现代化历史进程。丁玲就是中国这种独特的时代变革中涌现出来的现代女性、作家和革命者。这多重身份使得丁玲拥有了跌宕起伏的人生历程，她本人传奇且富有争议性的人生经历、文学创作与中国 20 世纪历史互为镜像。丁玲与她的作品对后世而言是一笔宝贵的文学和精神遗产。在全球化的现代中国文学研究场域中,丁玲理应占有不可忽视的一席。但是如何发掘、继承丁玲及其文学遗产的精神价值,既是一个富有历史和现实双重意义的命题,也是一个具有争议性和挑战性的命题。

　　如同其跌宕的人生命运,对丁玲的学术评价也错综复杂。这种错综复杂体现为多个维度。第一,丁玲在中国文学批评和文学史之地位历史落差巨大。丁玲本人曾概括说:"一个浪来,我有时候被托上云霄,一个波去,我又被沉入海底!"①20世纪50年代初,文学批评和文学史领域正面积极评价丁玲。1958年后,丁玲是文学批评界的批斗对象,甚至被斥为丑角和败类。要特别指出的是,20世纪90年代之后,丁玲的文学史地位不但未能恢复到50年代,而且下降非常明显,学术界不断出现对丁玲具有否定性的贬斥评价。进入21世纪后,中国学界对丁玲的评价又有一定的提升。第二,丁玲不同时期的作品评价具有鲜明的断裂性,起落沉浮,让人眼花缭乱。20世纪50年代初,得到高度正面评价的是丁玲在延安文艺座谈会后的作品,代表性作品是《太阳照在桑干河上》,而《莎菲女士的日记》等早期作品则评价较低。1958年后,其早期作品更被斥为"毒草"。"文革"结束后,其早期至延安文艺座谈会之前的作品得到学界推崇,而《太阳照在桑干河上》则遭到频频发难和贬斥。这种批评颇具有历史的戏剧性。第三,丁玲晚年同一时期创作的作品也得到差异巨大的评价。具体表现为丁玲本人推崇的《杜晚香》没有得到学界的好评,批评声不绝于耳;但《魍魉人生》等作品受到热烈欢迎和高度评价。而且复出文坛的丁玲的诸多言论也引发争议,成为一种被称为"晚年丁玲"的复杂文坛现象。概括来说,学界总是把丁玲作品大致分为政治色彩比较强烈的和政治色彩不明显的两大类型,而且这种分类隐含着"艺术性"强弱的评价。

① 丁玲.丁玲文集:第5卷[M].长沙:湖南文艺出版社,1984.

更为重要的是,大众阅读市场开始遗忘丁玲。20 世纪 20 年代,丁玲凭借《莎菲女士的日子》一炮走红,初登文坛伊始,便获得大量的读者。但是 20 世纪 80 年代后,其作品在文学阅读市场上受到了相当程度的冷落,可以说失去了普通读者,丧失了文学传播和文学消费能力。与之相反,20 世纪 80 年代以来,"张爱玲热"与"萧红热"先后出现在中国。这是因为在普通读者视野里,丁玲已经被简单化、平面化地评价为一个刻板的左翼女作家,一个政治色彩鲜明而艺术性有所欠缺的作家。

这两种现象是对作家和读者的双重不公,让人遗憾、惋惜。这意味着当下的学界与大众读者没有能够把丁玲其人其作进行丰富的阐释与理解,未能将之有效地资源化,没有有效地继承其文学遗产,造成了某种意义上的文学浪费。王蒙因为人们对丁玲的遗忘而深感悲伤和不平,他指出:"丁玲作为女性典型,这个并未成功地政治化了的但确是在政治火焰中烧了自己也烧了别人的艺术家典型还没有被文学表现出来。文学对她的回报还远远不够。而她的经验很值得他和同辈作家借鉴和警惕反思。她并非像某些人说的那样简单。"①因此,如何阐释出一个更为丰满立体的丁玲,破除其刻板的左翼女作家形象,需要重评丁玲,而且这种"重评"理应随着阅读、理解与阐释的时代环境之变化而持续下去。

(二) 系统解读美国学界丁玲研究的需要

如果我们承认丁玲当前的确仍被简单化、平面化地评价为一个左翼作家,那么这种情况的始作俑者是美国华裔学者夏志清。如果说夏志清在《中国现代小说史》中评价张爱玲、钱锺书时确实独具慧眼,那么他对丁玲的评价则正好相反,其慧眼被严重遮蔽。事实上,夏志清本人在后来承认自己对丁玲的评价"有失公允"。

---

① 　王蒙.我心目中的丁玲[J].当代作家评论.1997(3)：126.

问题是夏志清这些"有失公允"的评价对后来学界和普通读者的影响极大,中国内地大部分学者以及普通读者基本认同了夏志清对丁玲的评价。夏志清以后的美国丁玲研究其实已经突破了夏志清的观点,挖掘并阐释、创造了一个"不简单"的女作家丁玲,一个女权主义作家丁玲,一个投身于中国现代革命的女作家,一个与中国现代革命有着复杂关系的革命女作家丁玲。令人遗憾的是这些学术观点和成果在中国内地没有得到有效的传播和接受,更没有比较充分地实现其学术公共影响和公共效果。这导致当下的普通读者对丁玲的印象还是深深停留在夏志清的评价中。所以系统介绍、研究美国丁玲研究的学术观点与成果,解读美国丁玲研究的历史变迁,尤其是传播美国新近的丁玲研究观点与成果非常必要,可以有效地破除夏志清在学界和大众传播中造成的对丁玲的刻板印象。

(三) 具有比较文学学科意义

美国学者如何看待、理解丁玲本身也构成一个颇有趣味的学术命题。美国学者在其特定的历史文化语境中如何认识和接受丁玲,他们为何如此批评丁玲,这些批评文本与产生该文本的文化机制(文化系统)之间有何关系,他们如何讲述"丁玲故事",如何建构"美国的丁玲",这些问题展示的丁玲研究在美国不同历史阶段的具体文化语境和理论资源中获得的阐释空间,以及"美国丁玲"与"中国大陆丁玲"之间微妙复杂的动态关系都足以构成有价值的问题,值得比较文学界进行分析、研究,此命题因而具有较为鲜明的学科意义。

(四) 有助于开掘中国丁玲研究的深度

中国新时期的现代文学研究深受夏志清"不在场"的"在场"影响,丁玲研究自然也不例外。美国丁玲研究成果可以使中国大陆的丁玲及女性文学文化研究等相关领域借鉴美国学者的某些新视角、新成果，从而获得开创丁玲研究新空间的可能，可以在新的社会历史文化语境中深化丁玲研究和女性文学与文化研究，甚至对中国文学与文化研究也可能会有一定推动意义。

二、国内外研究现状述评

从笔者目前收集的相关资料看，国外对"美国丁玲研究"的研究活动与成果非常少见。美国学者们大多在从事中国现代文学研究时大略提及丁玲研究的相关成果。对于美国的丁玲研究者来说，他们在具体研究丁玲时会相应地对前人的成果、观点进行一种对话，或应和、赞同、推进，或反对、批驳、争论。这些学术研究活动都散落在他们个人的丁玲研究中，因此，国外没有研究者对丁玲研究进行一种相对系统的、历史性的探讨和分析。

在中国现代作家中，丁玲在海外，尤其在美国的传播与接受程度相对来说是比较高的，所以美国的丁玲研究得到中国内地相关学者的关注，并取得了一些成果。这些成果可以分为四个类别。

（一）海外中国现代文学研究中的丁玲研究

冯新华的《从〈美国东方学会会刊〉管窥美国的中国现代文学研究》一文中提到了美国中国现代文学研究者王靖献、夏志清、李欧梵、陈幼石等对鲁迅、老舍、沈从文、丁玲等作家作品的介绍和评论，展现了美国学者的中国现代文学研究方法和观点的新趋势和新走向。这些文献有效佐证了美国学界对丁玲开展了相关研究。

（二）海外丁玲研究之研究

代表性成果是袁良骏《台港、海外丁玲研究巡礼》，王中忱、孙瑞珍《半个世纪以来的国外丁玲研究》,朱水涌《国外丁玲研究述评》,陈圣生《欧美的中国现代文学研究点滴(一) 关于丁玲》,赵焕亭《2004—2008年日本、美国、新加坡的丁玲研究》,宋绍香《丁玲文学在国外》等专著或论文。这些研究的价值集中体现在收集了诸多美国学者的丁玲研究成果与相关资料,说明丁玲因为优秀的文学创作以及富有争议性的命运和作品赢得了全球性关注,呈现丁玲世界性的传播和接受度。

要特别指出的是,王中忱、孙瑞珍《半个世纪以来的国外丁玲研究》中收集了美国最重要的丁玲研究者之一布乔治的丁玲研究成果。除此之外,布乔治的丁玲解读未曾再次出现,更无人在丁玲研究中借鉴其观点。

(三) 美国学界丁玲研究之研究

卓敏硕士论文《丁玲镜像中的"现代中国"——冷战前后的美国丁玲研究述评》以冷战前后美国学界的丁玲研究作为研究对象,评述冷战及后冷战时期的美国丁玲研究。作者借美国的"中国研究"这一特定的学科及其所生产出来的研究范式以思考丁玲研究史背后的文化政治内涵。作者最为关心这些研究者为什么选择丁玲作为其研究对象,以及他们如何通过丁玲的作品与命运来透视中国现代革命与现代性命题,并希望借助丁玲这一个案来探讨美国汉学的知识转型。文章认为,以冷战为界,美国的丁玲研究在方法论、问题视野与理论资源等方面都发生了重要的转变。另一方面,在某种程度上,冷战意识形态所形成的海外中国学研究传统却仍然制约着研究者们的视角,在那些多元化的丁玲叙事背后,冷战思维的遗产依然在发生着作用。在某种程度上,对于美国的中国现代文学研究而言,丁玲故事实际上被解读成一个革命的故事。如何讲述丁玲的故事则关系到如何理解中国革命的历史。在美国的丁玲研究中,"革命"始终是最为重要的关键词,它不仅是研究的对象,而且作为某种历史的他者存在。丁玲充分地再现了"革命中国"所提出的诸多矛盾关系,而这些矛盾关系实际上也是冷战的文化政治所建构出来的命题。丁玲所代表的中国左翼作家的文学选择也被表述为审美独立性与政治附庸之间的不可调和。20世纪80年代梅仪慈试图搁置政治意识形态之争,把意识形态当作一个中立的范畴,"不赋予政治的,也许是贬黜的含义。既然它属中性,于是便可成为客观上检验和解释作品以及找出其中各个拼成部分间相互关系的有用的概念工具",意在跳出意识形态的单一标准,直面文本的复杂性,但事实上其背后的逻辑仍然建立在政治与文学的二元对立基础上。冷战结束以后,"现代性"反思成为美国丁玲研究的出发点。以王德威、刘禾、刘剑梅、李海燕等为代表,研究者们致力于发掘被经典左翼叙事与民族国家叙事所压抑的"另一种"现代性因素。在这种情况下,丁玲的性别身份成为大多数研究者的研究出发点,从而导向了差异政治与普遍性话语霸权之间的对立。不过富有反讽意味的是,性别、情爱、感觉结构等因素的凸显,一方面是为了呈现第三世界国家中国的特殊历史经验以挑战西方的现代性话语传统,但与此同时,这种挑战也指向了20世纪中国革命的历史与书写,而后者所借助的理论资源与问题意识的立足点,又受制于"现代性"反思的框架中,结果反而是又一次论证了普遍性历史叙事的有效性。这种悖论实际上正是来自美国中国学研究作为一种"区域研究"旳历史规定性,"革命中国"终究只是西方历史的他者性存在。

罗婷、顾娟的《美国汉学界的丁玲研究》以线性时间发展为序,把美国丁玲研究分为起步、犹疑静观期、转折期和繁荣期共4个阶段,总结各时期主要研究者的研究成果及研究特点,呈现美国学术传统下的丁玲研究概况。文章从微观上将探讨美国汉学界运用何种理论方法来解读丁玲的作品及人生,大多数学者都是从意识形态、女性主义、思想艺术、比较文学,甚至心理学等视角对丁玲生平和她的作品进行探讨。意识形态是一种观念的集合,意识形态牵制、左右,甚至主导文学写作和文学评论,在 20 世纪是一个极为普遍的现象。研究者前见的意识形态立场,也会对研究结果构成影响。20 世纪 80 年代,美国汉学界掀起从女性主义角度研究丁玲的再解读浪潮。美国汉学界有相当一部分的研究者从女性主义的角度解读丁玲作品及生平,这些研究主要集中于丁玲早期创作所体现的女性意识以及丁玲创作是如何受到女性意识和革命意识双重因素影响的。文章总结了美国学术界丁玲研究的意义。1980 年代后,新兴理论的出现大大拓宽了美国汉学界的丁玲研究视野,如女性主义文学批评、社会心理学批评、比较文学视野下的分析等。美国学界的丁玲研究可以成为反观中国学界的研究,他们的话语特征、意识形态、视野立场及理论方法等,都呈现出异域的景观,有效揭示了同一问题在自身学术视域内被遮蔽的方面。

文学武的文章《海外学者的中国女性作家想象——以夏志清、梅仪慈、颜海平的丁玲研究为中心》,首先认为夏志清对早期丁玲作品的认同是比较客观的,然后对夏志清的丁玲转向论进行激烈批评。夏志清声称自己所用的标准"全以作品的文学价值为原则",所以虽然夏志清肯定了《水》的主题和题材,但严厉批评作品在艺术上完全失败。夏志清肯定了《太阳照在桑干河上》某些片段生动,但是认为小说从整体上而言更像一本社会学资料,否定其文学艺术价值。文学武认为冷战思维和夏志清对中国共产党领导的中国现代革命的敌视态度是他如此激烈批评丁玲的意识形态和政治原因。文学武驳斥了夏志清对丁玲的激烈批评,批评夏志清研究中对丁玲延安时期的《在医院中》《我在霞村的时候》《夜》等作品的忽视是一个很大的学术失误。文学武赞赏梅仪慈的丁玲研究的主要观点。梅仪慈把丁玲还原为一个杰出的女性作家、一个具有强烈女性主义色彩的作家,以及虔诚的革命殉道者的形象。对于丁玲创作和社会生活、革命关系等方面的理解,梅仪慈在相当程度上超越了夏志清的偏狭,给予丁玲深切的同情和肯定,并认为《水》《太阳照在桑干河上》这两部作品有着自己独特的艺术成就。文学武挖掘了梅仪慈的深刻之处,即梅仪慈从丁玲文学叙述变化中看出了中国现代文学随着社会进程所发生的微妙变化。文学武指出颜海平的《中国现代女性作家与中国革命》对丁玲研究具有重大意义。颜海平的丁玲研究呈现了一个更为丰富、更具有多元文化意义的丁玲形象,代表着海外丁玲研究的最新进展。颜海平与夏志清形成了强烈反差。夏志清强烈排斥中国共产党及其领导的中国现代革命,而颜海平却恰恰相反,她对中国共产党及其领导的中国现代革命有着高度的认同,所以自然对于丁玲等革命女性倾注了显而易见的同情和敬意。在颜海平笔下,丁玲一生都和中国的现代革命紧紧相连,因而她正是在这样的意义上才把丁玲称为"20世纪中国最为杰出的女作家"。颜海平质疑了美国学界主流的传统观点,高度赞赏了《水》《太阳照在桑干河上》的人道主义情怀和艺术性。这显示了颜海平与众不同且不媚流俗的学术勇气。颜海平创造性地驳斥了美国学界把早期丁玲和后期丁玲生硬割裂的学术观点。文学武还指出了颜海平在丁玲研究的方法论上的创新,比如颜海平引入了鲜明的跨学科研究意识,把对丁玲孤立的文学研究拓展到电影、戏剧、都市文化、性别理论等的领域中,拓展了丁玲研究的新空间和新可能。总之,文学武认为从夏志清到梅仪慈,再到颜海平,海外丁玲研究的方法论、价值论、知识论都发生了巨大变化,丁玲形象也发生巨大变迁。

此外,熊晓虹的《英美学术界对丁玲及其作品的译介和研究》、王晓伟的《丁玲小说英译的副文本研究——以白露的丁玲英译选本为例》,更多是从丁玲作品英语译介的角度分析了美国学者对丁玲的接受与传播。飞舟的《美籍学者梅仪慈在沪谈丁玲》、任远《梅仪慈和她的专著〈丁玲小说〉》、陈逢玥《革命的技艺化——重读梅仪慈的〈丁玲的小说〉》,关注了梅仪慈及其丁玲研究,可见梅仪慈的丁玲研究在中国学界的影响比较大。蔡军的《被贬抑的丁玲——对夏志清"讥笑"的反驳》则是在中国非常少见的对夏志清的丁玲研究正面提出驳斥的文章。

(四) 中美丁玲研究之比较研究

任显楷的博士论文《中美学界丁玲研究之比较》,考察中美在丁玲研究的内容、理论资源、研究范式之不同,探讨、比较了中国和美国学界各自的丁玲研究知识不同以及潜藏在其背后的意识形态和权力关系。文章把中美学界丁玲研究路径概括为历史叙述、意识形态批评与性别批判三个类型。在历史叙述路径中考察中美学界对丁玲生平的历史叙述,通过对比中美学界不同时期对丁玲历史的"编码"方式,指出丁玲历史呈现中的权力因素。20 世纪 80年代新时期以前,中国学界对丁玲的批评重心,以夏志清的研究为代表,从个性解放转移到了阶级批判,这种批评重心的转移对丁玲的创作形成了巨大的影响。20 世纪 80 年代后,中国学界丁玲研究回归至人道主义,在"重写文学史"的文学思潮中再解读丁玲。美国学者梅仪慈全面反思丁玲写作与制约其写作的意识形态之间的关系。梅仪慈的研究表明了美国学界丁玲研究出现了显而易见的转折。文章比较了中美学界女性主义视角下的丁玲研究,丁玲以强烈的女性意识跻身文坛,但这种女性意识两度使其陷入悖论境地。在特定社会历史语境下,中国学界民族和阶级话语成为造成女作家悖论境地的原因。美国学界对女性主义理论有着更好的认识和自觉,因而最终能够形成有效的反思和超越。

以上四种不同类型的观点和研究成果产生的时间跨度大致是30 余年,这表明中国学界一直在关注美国的丁玲研究状况。这些研究具体地构成了中国的美国丁玲研究之研究史,也表明中国学者对美国丁玲研究之研究自身同样是一个历史发展过程。这些研究在不同的历史文化语境中,利用不同的理论框架,从不同的角度和层次对美国的丁玲研究进行了关注和探讨,各有其存在的意义和价值。从历史发展的眼光来看,最初并没有产生相对集中的美国丁玲研究之研究,美国丁玲研究之研究散见于相关文章和专著中,如冯新华的《从〈美国东方学会会刊〉管窥美国的中国现代文学研究》,袁良骏的《台港、海外丁玲研究巡礼》,王中忱、孙瑞珍的《半个世纪以来的国外丁玲研究》,朱水涌的《国外丁玲研究述评》,陈圣生的《欧美的中国现代文学研究点滴(一)　关于丁玲》,赵焕亭的《2004—2008 年日本、美国、新加坡的丁玲研究》,宋绍香的《丁玲文学在国外》等。这些成果的价值首先集中于对美国丁玲研究成果和相关观点的收集,其次是对美国的丁玲研究成果之介绍和相对简单的述评。卓敏的《丁玲镜像中的"现代中国"——冷战前后的美国丁玲研究述评》,罗婷和顾娟的《美国汉学界的丁玲研究》,文学武的《海外学者的中国女性作家想象——以夏志清、梅仪慈、颜海平的丁玲研究为中心》,任显楷的博士论文《中美学界丁玲研究之比较》等成果的出现标志着中国的美国丁玲研究之研究进入了深入发展时期。此时,中国学界的美国丁玲研究之研究内容可谓逐渐厚重,理论框架明显得到提升,研究范式和路径基本形成,成为中国比较文学研究领域中一个独具特色的具体研究领域。

　　但是这些研究也存在着一些历史的不足。首先,这些研究的研究对象有所疏漏。比如布乔治是美国第一个集中研究丁玲的学者,也是第一个充分肯定丁玲文学成就和特色的美国学者。再如美籍华裔学者夏济安对丁玲的研究虽然着笔不是很多,但是夏济安的观点非常具有创新性,且其中的信息量很大,对后来的中国现代文学研究和丁玲研究有着重大价值。但是以上研究中均不见这两个非常重要的学者之身影。白露是美国学界最重要的丁玲研究者之一,其丁玲研究成果非常丰富,影响甚大,但是文学武的研究中没有论及白露,这不得不说是一种学术遗憾。其次,这些研究对美国丁玲研究资料的细读不够。丁玲文学在美国传播和研究长达

90 年,相关成果和观点纷繁复杂,但是中国的美国丁玲研究之研究目前尚没有充分地全面呈现这些成果和观点,没有分析、探讨这些观点的历史流变以及它们之间的继承与超越关系。再次,这些研究缺乏系统观照和整体透视。研究者们或注意了某一丁玲研究者群体,或突出了某一类型的主题,但都没有将它们置于一个总体框架内进行系统观照和整体透视,没有有效地呈现美国丁玲研究之全貌。

三、研究方法与创新之处

(一) 研究方法

1. 历史描述与逻辑归纳的方法

美国的丁玲研究已经持续 70 余年。从某种意义而言,本书就是美国的丁玲研究史之研究,必然带有历史学的维度,所以笔者收集了美国丁玲研究的种种历史资料,并对这些资料进行了总结、归纳和描述,分析美国丁玲研究的历史进程,总结其历史变迁,探寻变迁的具体路径和缘由。

2. 文本细读与理论分析的方法

文本细读是本课题最基本的研究方法和手段。本课题文本细读范围包括四大块:丁玲作品、美国丁玲研究文献、中国丁玲研究文献、西方文学文化文献。在细读这些文本的过程中,笔者吸收消化、整理评判美国、中国诸多学者对丁玲的种种评价,同时发现、挖掘自己的感悟、见解和观点。与此同时,运用相关文学理论来归纳、梳理自己的独特感悟和发现,以实现理论升华,更好地认识、评价美国的丁玲研究。

3. 跨文化比较与主题学研究方法

本课题的研究对象是美国的丁玲研究,而美国的丁玲研究者与中国的丁玲研究者有着显而易见的差异,对丁玲的认识与判断自然也有着巨大差异。两者之间如何实现互识、互鉴与互补,具有差异的种种观点如何互相质疑、沟通和理解是一个巨大挑战。这对笔者这样一个中国研究者而言,跨文化比较是不可避免的研究方法。在具体研究过程中,笔者还运用了主题学研究方法,即探讨美国不同研究者对丁玲同一或相似主题的研究,比较这些或相似或相反的观点,分析这些观点之间的竞争、互斥以及传承、超越与应和,窥探美国不同的丁玲研究者的研究个性和学术气质。

(二) 创新之处

1. 研究选题的创新

丁玲是中国作家,同时也是具有世界性影响的作家。美国的丁玲研究是丁玲研究的一个有机组成部分,也是 20 世纪中国文学研究的重要内容,既反映了丁玲其人其作在美国等英语国家的传播和影响,也是中国 20 世纪文学矗立在世界文学之林的重要表现。但目前相关研究成果不甚丰富,在中国文学研究界受到的关注不够,学术影响比较微小,研究空间较大。本书拟在对美国的丁玲研究文献进行系统收集和整理的基础上,挖掘美国丁玲研究之研究深度。

2. 研究理论与视角的创新

本书力图借鉴比较文学的当代研究理论与范式,以大量阅读英文资料为基础,运用跨文化跨学科的研究方法,对美国的丁玲研究状况作一个历时性的、全景式的介绍与梳理,并从知识社会学的角度,分析美国学界关于丁玲知识及话语的建构途径。本书的研究方法与视角正是将比较文学当代的研究方法与理论用于实践,展现比较文学理论与范式在"丁玲在美国的传播与影响"这一具体跨文化文学现象与个例上的阐释力量,同时还可以开拓丁玲研究的广度和深度,加强、促进海内外丁玲研究与 20 世纪中国文学与文化的交流与发展。

3. 研究方法的创新

本书主要采取主题化研究方法,笔者以广泛研读美国丁玲研究的成果为基础和前提,在纷纭复杂的丁玲话语与论述中提炼、整合了三个研究主题,即丁玲的女性情爱书写、丁玲及其笔下的女性与中国现代革命的复杂关系、丁玲的文学政治性与艺术性纷争。然后围绕这三个不同主题来探讨不同研究者的丁玲阐释,力图呈现美国丁玲研究的历史变迁,它们之间的传承与超越关系以及由此折射出来的美国学者对文学、政治、革命、女性的认知变迁。

四、本 书 结 构

本书由绪论、正文和结语三大部分组成。绪论简要阐明本书选题目的和意义,对于国内外"美国丁玲研究"之研究现状作了一个线性梳理,并对研究对象与方法、研究难点与创新点以及研究基本思路和路径进行简要说明。

正文有五章:

第一章"丁玲在美国的传播与研究历史"。本章主要分析丁玲在美国传播与研究的社会历史以及文化文学语境,包括"二战"后美国社会概况、中美关系、美国文学理论及研究范式等内容,并对美国中国现代文学研究的学科化历史这个最直接的学术语境进行了介绍。总结丁玲文学在美国的传播与接受概况,包括丁玲与美国人士的接触与交流、丁玲作品在美国的译介、丁玲在美国的学术研究的基本情况;美国丁玲研究者的代际变迁。不同代际中的研究者具有不同的价值观、知识论、方法论以及具体的理论框架与阐释路径,因而其丁玲研究的观点与成果具有阶段性的特点。

第二章"丁玲女性情爱书写"。本章探讨美国研究者对丁玲新女性情爱书写的解读。从夏志清的批判到后来布乔治、梅仪慈、白露、刘禾、刘剑梅的盛赞,呈现了相关评价巨大的历史转折。探讨、阐释美国学界丁玲笔下情爱中女性的挣扎、突围、救赎与超越。研究者们发现丁玲笔下的新女性虽然得到、享受了自由恋爱的权利,但是她们同时又面临一个尴尬的局面,面对很多未曾想到的新问题,诸如孤独、自由恋爱的伤害、深陷不能自控的感伤等。但是丁玲的新女性是倔强的,面对这些新问题,她们没有退缩,在自我反省的基础上探索突围和超越的路径,努力探索女性的独立生存和解放之路:通过学习、工作和革命(丁玲本人将这三者统称为"做事")来承担社会责任,并因此实现女性的生命意义和价值。

　　第三章"女性与革命的复杂关系"。本章节主要包括两方面内容。一是美国研究者对丁玲的革命文学的解读。研究者们普遍认为丁玲实现了两次文学转向,分析了其转向原因以及丁玲文学表现上的相应变化,但是颜海平对此提出了质疑。她考察了丁玲的创作历程,认为丁玲在不同的历史阶段的写作的确具有不同的阶段性特征,但是从某个意义上来说这些不同阶段的写作具有延续性和同一性。二是研究者对丁玲及其笔下革命女性与中国革命的复杂关系的解读。尽管颜海平非常坚持中国革命女性与中国现代革命之间具有同一性,但是包括颜海平在内的研究者都察觉了丁玲及其笔下的革命女性与现代中国革命之间存在着一种异常错综复杂的关系。颜海平明确承认在西方"现代中国女作家的革命性文化遗产的重要内涵似乎是一个说不出来的故事;人们倾向于将中国的革命女性在根本上看成是她们为之献身的中国革命工具化的牺牲品"。① 作为中国最革命的女作家,丁玲的多舛命运具有典型性。其中阐释重点聚焦于丁玲的女革命者身份危机和贞贞、老太婆、陆萍等难以言说的革命女性。

　　第四章"政治性与文学性的纷争"。夏志清将丁玲的创作以

---

① 　Yan Haiping. *Chinese Women Writers and the Feminist Imagination*, 1905-1948 [M]. Mark Selden, ed. London: Routledge, 2006: 194.

1931 年为界分为前后两期。夏志清认为 1931 年后丁玲开始的"无产阶级小说创作",其作品的文学艺术性受到严重伤害。《水》和《太阳照在桑干河上》就是典型例子。布乔治和梅仪慈持相似观点,即丁玲原本对现存秩序具有不同程度的批判性,但是 1942 年后丁玲的作品受到地缘政治的影响和控制。梅仪慈仍坚持丁玲在某种程度上突破了地缘政治的制约并呈现出某种程度上的艺术性。在夏志清、布乔治和梅仪慈三人的阐释中,前者与后两位虽然观点有所不同,但是三人的逻辑前提是相同的,即文学具有政治性和艺术性两个维度。夏志清认为这两个维度是对立的,不能共存的。布乔治和梅仪慈则认为这两个维度虽然对立,但是可以矛盾地共存于丁玲的某些作品中。美国传统研究者认为在文学价值序列中,文学艺术性维度位列政治性之上。白露和颜海平等当下的研究者颠覆了这个传统。在白露和颜海平的解读中,这种传统的政治和艺术(审美、文学)两分的分析范畴消失了。在她们践行的丁玲文化研究模式中,政治性和艺术性的范畴存而不论了,两人都强烈地推崇丁玲的性别政治与革命政治。

第五章"美国学界丁玲研究的价值审视"。本章主要阐释我们应该如何正确认知、评判美国丁玲研究的价值。从知识论而言,美国丁玲研究的成果必然是洞见与偏见并存,真理与谬论同在。尽可能全面、客观地评价、审视美国丁玲研究不仅有可能,而且有必要、有意义。我们应该借鉴美国丁玲研究的诸多洞见和智慧,同时也应该警惕美国学界生产的丁玲知识和话语中或隐或现的优越感和某种程度上的文化、学术霸权,揭示其偏见以及其产生的意识形态根源。美国丁玲研究在当下历史文化语境中仍表现出明显的意识形态性,即对中国共产党领导的中国现代革命存在显而易见的偏见。这也导致丁玲的美国研究者在阐释丁玲这样一个积极投身于中国革命女作家的过程中出现种种误解和偏见。美国的丁玲研究最终还是表现了研究者对美国社会文化的深层次认同。

　　结语总结了美国的研究者强烈关注丁玲的缘由，即革命女作家丁玲与现代中国、现代中国革命的复杂关系。这也折射出美国研究者对现代中国历史、文化与文学、现代中国女性的关注。从宏观上看，美国的丁玲研究出现了理论化转向、女性主义转向和文化研究转向，美国学界的丁玲形象自然也已经经历巨大的历史变迁。这种变迁有其必然性与合理性，并从当代阐释学等后现代文论的角度指出了美国丁玲研究必然存在新的空间和可能。最后提出我们在借鉴美国的丁玲研究成果的同时，要警惕、批判这些丁玲研究话语中某种程度上存在的文化霸权和学术殖民。

第一章　丁玲在美国的传播
与研究历史

　　丁玲在美国的传播最早出现在 20 世纪 30 年代，严格意义上的学术研究发生于 20 世纪 60 年代。美国的丁玲传播与研究已经有着近 90 年的历史，有着自身发展历程，涌现了一批又一批研究者。这些美国学者从各自的学术关注点和兴趣出发，展开了既具有不同时代气息，又体现了诸多不同研究者个性的丁玲研究，建构了纷繁复杂的丁玲知识、丁玲话语和丁玲故事。

一、丁玲在美国传播与研究的社会语境

　　虽然英国、加拿大、澳大利亚等英语国家都有丁玲的相关传播与研究，但是美国的丁玲传播和研究成果最为厚重，也最有代表性。丁玲在美国传播与研究的社会历史文化语境具有典型意义。

(一) 二战后美国社会概况

　　二战后全球呈现出崭新格局。其中最为突出的一点便是美国的国家综合实力得到极大的提升，迅速崛起并进入鼎盛时期，取代欧洲成为全球的中心，成为名副其实的霸主，所以 20 世纪常常被称为"美国世纪"。不仅仅在经济、军事领域，美国在人文学科研究

领域内同样取代欧洲大陆成为世界的中心。

另一方面,二战后美国的经济形态发生了全新的转变,从工业化经济转向信息技术型经济,出现大量以知识经济和信息经济为谋生手段的白领阶层,所谓中产阶级由此而生,并登上了历史舞台。然而,20世纪以来,西方社会长达半个世纪都充满着种种危机和战争,使得西方人普遍产生一种幻灭感和疲倦感。20世纪60年代美国等西方国家社会剧烈动荡,反战运动、民权运动、黑人运动、妇女运动等各种社会运动风起云涌,并交织在一起,抗议浪潮此起彼伏。整个西方社会处于动荡和变革当中,种种社会思潮由此而生,对美国等西方国家的文化认知与想象产生了极大的影响。

特别是开始于20世纪50年代的越南战争,前后持续了近二十年时间,消耗了美国大量的国力,让美国深陷战争泥潭。60年代中后期,美国民众的反战情绪达到顶峰,全国范围内出现各种此起彼伏的反战运动,其中青年学生的反战行为最为激进,他们进行游行、宣讲、静坐等种种示威,不断推动反战运动的高潮。

美国民权运动兴起于1950年代,持续至1970年代。这是二战后美国黑人反对种族隔离与歧视,争取民主权利的群众运动,通过以种族群体为基础,以群体斗争的方式来争取黑人和其他少数民族的"群体权利",反对学校、公车等各种社会公共服务中的"黑白"等种族隔离。其核心是黑人民权的争取。马丁·路德·金发表《我有一个梦想》,标志着民权运动的高潮。美国民权运动帮助黑人和其他少数族裔获得平等、自由和尊严,并促使美国联邦政府承担起保障黑人和其他少数族裔公民权利的责任。

20世纪七八十年代在美国兴起了第二次女权主义运动。此次运动源于19世纪兴起的西方女性要求拥有参政权和男女平等社会地位的运动。为实现男女两性在政治、经济、社会等各领域的平等,二战后这些运动逐渐演变为全面批判西方社会因男权主义造成的性别等级制度,并在20世纪七八十年代达到高峰。这些运动大大提高了女性在参政、就业、教育乃至家庭生活等领域的地位，冲击了女性和社会传统的性观念、婚姻观念和生育观念，极大地动摇了西方传统中以男性为中心的社会结构及其相应的价值观。西方第二次女权运动逐渐平息后，90 年代初又出现了第三次女权主义运动，这次运动持续至今。

总之，反战运动、民权运动、女权主义运动等各种社会运动是 20 世纪 60 年代以来西方社会文化的重要组成部分。这些运动在一定意义上重塑了西方的社会情感心理结构，重构了西方社会的价值观，建构了西方社会的"60 年代精神"。这种精神深深渗透进西方民众的心理，并影响其价值判断，深深扎根于西方民众的日常行为，从而深刻改变了包括美国在内的西方整体意义上的社会历史文化语境。

二战后西方社会经济快速发展、科技不断进步、思想进一步解放，其文化多元化的特点更加鲜明。多元化的文化特征有效促进民权运动取得巨大成就：对有色人种的歧视性政策在法律意义上得到彻底扭转，女性的经济、社会和家庭地位得到极大改善和提高。以美国为代表的英语国家和西方国家的教育界、人文学科研究界发生巨大改变，大学学生、教师队伍和学界研究者之传统结构得以改变，人文社会学科的教学内容和研究方法也发生了重大变革。这些变革都对美国的丁玲研究产生着基础性的价值与意义。

(二) 二战以后中美关系的变迁

二战以后中美关系的历史变迁对美国的丁玲研究有着直接的影响。学界普遍认为，因为中国共产党与苏联的密切关系，以美国为代表的西方国家在中华人民共和国成立以前基本持反对中国共产党的态度和立场。二战后，全球进入冷战时期。1949 年中华人民共和国成立以后，以美国为代表的大部分西方国家基本延续了以前的态度和政策，继续保持敌视中国共产党、中国革命和新政权的立场,制定"遏制"和"孤立"新中国的政策。新中国与美国等西方国家双方隔绝对峙将近 20 年。

20 世纪七八十年代后,中国和美国的关系发生了巨大变化。在美国、苏联和中国的国际互动中,中国和美国逐渐认识到双方共同利益所在,关系逐步正常化,恢复一定程度的双边联系和交流。尤其是中国推行改革开放政策后,中美两国的关系进入到一个全新的局面,合作与竞争并存的时代开始浮现,一直延续至今。苏联解体、东欧剧变,美苏两极格局瓦解消失,中美关系因此进入一个动荡不定的时期。在全球化时代中,中国和美国经济相互依存度急剧上升,双方的合作在各个领域都得到深化和加强。但是不同于美国与欧洲、日本等国家的传统盟友关系,中美双方一直处于更为微妙的既合作又竞争的复杂关系中,两国阶段性冲突是常态,政治、经济和军事等社会生活各领域都有具体表现。这些冲突的内在原因都与中美两国拥有不同意识形态、不同的形而上价值观有着某种程度上的关联。

1970 年代开始,中国和美国的文化交流集中在半民间半官方的层面。1980 年代,中美两国建交以后,两国之间的文化交流呈现新的格局,交往日益频繁,发展迅速。进入 20 世纪 90 年代,两国在文学、艺术、科技方面的接触与交流日益增多。这种交流有力地促进了双方的认识和了解。这种中美关系为美国的丁玲研究提供了开放的环境,促进了美国丁玲研究的深入开展。

(三) 二战后美国文学理论及研究范式的变迁

二战以前西方的文化中心无疑是欧洲大陆,所以西方重要的文学思潮和批评流派都源自欧洲。美国因为建国历史短暂,历史文化传统相对薄弱,因此几乎从未出现既有原创性又产生相当国际影响的文学理论家和批评家。但是第二次世界大战以后,这种情况发生了根本性的改变。美国一举超越英国、法国和德国等欧洲传统强国,变成了全球范围内经济、政治、军事、文化上的唯一超级大国,其他国家只能望其项背。"由于战后科学技术的飞速进步,传播媒介的不断更新,人员交流的日益频繁,当代西方社会流行的各种思潮、学派,几乎无一例外都要在美国社会和思想界得到最迅速、最集中的反响。"①文学理论与相关批评思潮也是如此。譬如新批评的渊源可追溯至英国,但是新批评真正确定其在文学研究界的权威和霸主地位仍然是在美国。此后结构主义、心理分析批评、解构主义等文学理论思潮都经历了相似的传播历史和路径。

　　20 世纪以来,美国的文学观念和理论发生了巨大的历史变迁,同时也成为一个多元化的,文学理论与文学批评互补的实践体系和结构。历史批评、社会批评、新批评、神话原型批评、心理分析批评、形式主义批评、结构主义批评、解构批评、女权主义批评、新历史主义等各种各样的文艺思潮和批评流派众声喧哗,各言其志。在这个多元互补的共生结构中,不同的文学批评理论拥有各自不同的前提性假设和价值取向。在各自的发展过程中,这些理论既不断从整个人类历史的文化积淀中寻求赖以立足生根的理论依据,同时也从当代自然科学和人文科学的最新发展中汲取必要的营养。各种文学批评都坚持按自己认定的方向去发掘或赋予文学以意义和价值。具体的一种批评只能反映一个既定的观点,提供一个特殊的观察角度,发掘作品的部分价值。各种批评的合力才能发掘出相对丰富,或者说比较接近文学本体的全部价值。②

　　20 世纪 50 年代初,新批评已成为英语国家尤其是美国文学界的权威理论。新批评突破了文学批评与文学创作的传统关系。具体来说,新批评认为文学批评不是创作的附庸,而将批评与创作两者视为平等独立的人文学科。新批评打破以"作者"为中心的惯

① 　盛宁.试论当代美国文学批评的发展倾向[J].外国文学评论.1988(1):3-8.
② 　盛宁.试论当代美国文学批评的发展倾向[J].外国文学评论.1988(1):3-8.

例,转而以"作品"为中心,并把阐释焦点转到文本的风格、结构和节奏,呈现出崭新的研究范式。新批评和神话原型批评拥有一个共同点,那就是把文学作品视为一个独立的封闭的系统,故强调"就文学谈文学",拒绝文学之外的其他分析视野。新批评进入美国各个大学,成为系统性的文学教学法。此时期的师生们都接受了系统的新批评分析方法训练。新批评在美国文学研究史中深深打下了自己的烙印。

20世纪60年代,欧洲开始出现各种新思潮、新观念,其中最引人注目的是法国兴起的结构主义。这些发源于欧洲的新思潮在美国经历一个接受过程,最终成功超越民族心理和文化传统上的隔阂与偏见,成为美国新文学批评的主流理论。此后,结构主义、后结构主义、解构主义、女性主义、新历史主义等各种令人眼花缭乱的批评流派纷纷出现,各显其能。这些理论各有侧重,但对新批评的批判态度是一致的。这些理论强烈反对新批评将文学视为"独立之物"的观点。结构主义批评的基本观点是作品是由语言符号构成的系统,因此作品的意义应该完全取决于符号①之间的关系。解构主义更为激进,拒绝研究、追求文学普遍规律的西方学术传统,转而标榜文本的不确定性、不连贯之处和互文性,关注文本间的相互冲突和矛盾,表现出强烈的后现代风格。解构主义否认最终和永恒等观念,强调历史上没有最终的永恒的文学衡量标准和结果。如此而来,结构主义思潮影响下的文学批评相信没有任何批评能彻底阐释一个文本,也就是说任何文本都不存在最后的定论,任何文本都应该、都可以被无限阐释。

在这些思潮的影响下,最近30年的美国文学批评表现出新气质。首先彻底摆脱了新批评的影响,打破文学所谓的独立、封闭和边界,向飞速发展的各门人文科学开放。同时深受结构主义思潮

---

① 此处的符号是一个更为宽泛的范畴,不能被狭窄地理解为文字。

影响的各种人文学科如人类学、社会学、历史学、心理学、美学渗透进文学批评的理论中。因此,美国当代文学批评中各种精于辨义的批评术语层出不穷,呈现出浓厚的理论色彩,所谓新的文学研究范式"文化批评"在学界大行其道。这对美国的丁玲研究产生了影响,推动了美国丁玲研究的多元化走向。

(四) 美国的中国现代文学研究的学科化历史

自 20 世纪 50 年代以来,美国的中国现代文学研究成就斐然。在以夏氏兄弟(夏志清和夏济安)、李欧梵和王德威等为代表的大批学者的推动下,美国的中国现代文学研究从无到有,由单一的学科研究逐步发展成为现在的跨学科研究,且其理论地位愈加凸显、研究范围进一步扩大、研究视角更趋多样化。回顾历史,中国现代文学这门学科在美国主要经历了以下三个发展阶段。

传统汉学时期。西方汉学研究最早始于 16 世纪,研究者多为来华的传教士等汉学家。晚清时期,中国一批有识之士认识到了闭关锁国的危害,积极倡导通过翻译向西方世界推介中国文学与文化,并大力实践,部分中国文学作品因此被译介入西方英语国家。1884 年陈季同选取《聊斋志异》中 26 篇故事编译而成的《中国故事》在法国巴黎出版,1898 年国学大师辜鸿铭将中国儒家经典著作《论语》翻译成英语等。另外,还有一些西方汉学家和华裔学者翻译了部分中国文学作品,如美籍华人王际真翻译了《红楼梦》(节译),英国汉学家理雅各翻译了《四书》等。但这些译著几乎都是中国古典文学作品,而且译介多是学者们的自发行为,因此翻译的数量和种类都极其有限。此时汉学研究以欧洲为中心,研究重点仍是中国古典语言和文化,文学研究尚处于边缘地带。

相对于成就斐然的欧洲传统汉学,美国的汉学研究起步较晚,而且学术观念和方法皆源于欧洲汉学。早期的汉学家主要是传教士,如裨治文、卫三畏、史密斯等,研究领域也大多集中在中国的文化、历史、政治、语言和古典文学方面。从 20 世纪 20 年代开始,美国的汉学研究逐步扩展到中国现代文学领域。1926 年,上海商务印书馆出版了旅美学者梁社乾翻译的《阿 Q 正传》英文版,英文题为 *The True Story of Ah Q*。这是目前能发现的最早的中国现代文学作品的英文译本。美国大学图书馆藏有这个最古老的版本。1939 年纽约约翰·戴(John Day)公司出版了林语堂的英文版《京华烟云》(*Moment in Peking: a Novel of Contemporary Chinese Life*)。此外美国出版了中国现代作家的英译选编本,如 1936 年美国作家、记者埃德加斯诺选编的《活的中国:现代中国短篇小说选》,收录并翻译了鲁迅、巴金、丁玲、郭沫若等 15 位作家的部分作品。这个时期美国的中国现代文学研究主要集中在作家作品的翻译和介绍上,严格意义上的学术化的专门文学批评等学术研究还没有出现。

学科化时期。由于二战后全球政治经济中心的转移,汉学研究中心也相应地由欧洲逐步转移到美国,并获得了较大发展。特别是美国出于全球战略考虑,加强了对现代中国现实社会的全面考察,美国汉学研究的重点因此也从古代逐步过渡到现当代。此后,经过几代学者的共同努力,美国的中国现代文学研究从最初的边缘研究逐步发展为具有鲜明特色的独立学科。

1961 年耶鲁大学出版社出版了夏志清的《中国现代小说史》(*A History of Modern Chinese Fiction*),这标志着美国中国现代文学研究学科化的开始。此书也被誉为美国乃至西方中国现代文学研究的开山之作。夏志清运用其从导师布鲁克斯那里承袭的"新批评"方法论和利维斯的文学"大传统"理论,对晚清到当代的中国文学和文化动力论进行广泛的研究考察。有别于同时期中国大陆革命化政治化的文学史叙述,夏志清主张从文学价值的角度来评价作品,显示出其独特的文学观念和审美趣味。美国中国现代文学学科化的另一重要标志是 20 世纪 60 年代初,哥伦比亚大学最早设置了中国现代文学教授职位。这说明美国的中国现代文学研究已经被纳入美国高等教育的教学体系,并且在美国学术研究中具备了一席之地。夏志清之后,夏济安和李欧梵两人的研究成果进一步确立了中国现代文学的学科地位。1968 年出版的夏济安《黑暗的闸门》对 20 世纪 20 至 50 年代中国左翼作家作品进行了一次相对完整的概述和研究。1973 年李欧梵出版了《现代中国作家之浪漫一代》,描述并探讨了五四一代中国作家强烈的浪漫抒情气质。夏济安和李欧梵两人的研究进一步开启了美国的中国现代文学研究学术批评之路。

中国现代文学相关学术会议的成功举行也是中国现代文学学科化的重要标志。1974 年 8 月,"五四时期的中国现代文学"研讨会在美国马萨诸塞州得达姆召开,随后哈佛大学东亚中心举行了工作室研讨会。梅尔·戈德曼(谷梅)精选了会议论文并以《五四时期的中国现代文学》(*Modern Chinese Literature in the May Fourth Era*)为名出版。1980 年中国抗战文学讨论会在法国巴黎举行,也吸引了白露等美国的中国现代文学研究者。

王德威在《美国的现代文学研究之报告》中指出:"60 年代末至 80 年代出现了一系列专门考察单个作家的学术专著",[①]包括:Olga Lang(奥尔格·朗)研究巴金、胡志德(Theodore Huters)研究钱锺书、Gregory Lee(利大英)研究戴望舒、Yi-tsi Mei Feuerwerker(梅仪慈)研究丁玲、Ranbir Vohra(兰比尔·沃勒)研究老舍、高立克(Marik Galik)研究茅盾、Jeffrey Kinkley(金介甫)研究沈从文、Howard Gddblatt(葛浩文)研究萧红、David Pollard(大卫·波拉德)研究周作人、William Lyell(威廉·莱尔)研究鲁

---

① 王德威.张清芳,译.英语世界的现代文学研究之报告[J].海南师范大学学报.2007
(3):1-5.

迅等。这种趋势在 1986 年和 1987 年间达到巅峰。① 这些研究者大多把被研究的现代中国作家作品置于相关文学作品选集或文学史综述中,有些文学作品被选为美国一些大学文学课程的参考书。截至 20 世纪 90 年代初,美国的中国现代文学研究已经成为汉学研究中最兴盛的领域之一。

跨学科时期。20 世纪 90 年代以来,美国的中国现代文学研究已经离开了传统的文本定义,进入了多元化的跨学科研究阶段,中国现代文学研究之目的不仅仅具有文学面向,不局限于进行具体作家作品的文本解读,而更多地表现为加深对中国现代社会现实、历史和文化的理解。中国现代文学研究成为中国现代文化研究的一个子层面并呈现出新面貌。

首先,在中国现代文学批评和研究中理论之地位愈加凸显,并出现了一系列的理论转向,"从结构主义到后结构主义、从历史主义到新历史主义,从新批评到后现代、后殖民主义批评等"。这意味着美国的中国现代文学研究进入了一个"理论时代"。② 1991年,"20 世纪中国文学与社会中的性属与性别"的研讨会在爱荷华大学(Iowa University)举行,1993 年吕彤邻编辑了同名论文集《20世纪中国文学与社会中的性属与性别》(*Gender and Sexuality in Twentieth-Century Chinese Literature and Society*)。这显示着女性主义理论在中国现代文学研究领域中的深刻渗透。周蕾在其专著《妇女和中国现代性》中混合运用了女性主义、马克思主义、后殖民批评等诸多理论。汉学家们一改学科化时期对具体作家作品进行分析的传统研究方法,综合运用各种批评理论,从一些文学和文化现象入手,研究宗旨指向现代中国社会的文化、历史、政治等

---

① 白杨,崔艳秋.英语世界里中国现当代文学研究的格局与批评范式[J].吉林大学社会科学学报.2014(6):41-49.
② 白杨,崔艳秋.英语世界里中国现当代文学研究的格局与批评范式[J].吉林大学社会科学学报.2014(6):41-49.

特征。正是在这个意义上,在美国学界"文学退隐为文化研究的背景,或是论辩的依据"。①

其次,研究范围与领域进一步扩大,文学研究逐步转向文化研究。王德威介绍了美国汉学界对中国文化研究的状况。他指出:"中国研究出现了一股扩大其研究范围的新潮流,它从古代文学延伸至其他领域,如电影(张英进)、音乐(Andrew F. Jones)、思想史(丹顿)、美学(王斑)、跨语际实践(刘禾)、文化生产(贺麦晓)、流行文化(王瑾)、性别研究(钟雪萍)、城市研究(李欧梵)、殖民研究(周蕾)、政治研究(林培瑞)和人类学研究(Gang Yue)等"。② 中国现代文学研究已逐步扩展,与现代中国社会中电影、音乐、思想史、美学、社会学、人类学、宗教等方面的研究相结合。汉学家们从宏观的社会历史文化角度,去观察中国社会现实的各个文化领域,进行多学科的比较文化研究。文学研究的文化转向,虽对文本的阅读与欣赏也许无太多助益,但有助于西方社会加深对中国的了解和认识。

总之,随着科技的进步以及全球化的加剧,经历了传统汉学、学科化和跨学科时期的美国中国现代文学研究正逐渐呈现多样性、广泛性、开拓性和开放性的时代新特点,在目前海外中国现代文学的研究领域中处于主流和领先之位置。

二、丁玲在美国的传播与接受概况

丁玲是 20 世纪中国文学史上的风云人物,她是最著名的女性作家之一,也是最著名的女性革命作家之一。丁玲的命运经历大

---

① 白杨,崔艳秋.英语世界里中国现当代文学研究的格局与批评范式[J].吉林大学社会科学学报.2014(6):41-49.2014(6):41-49.
② 王德威.张清芳,译.英语世界的现代文学研究之报告[J].海南师范大学学报.2007(3):1-5.

起大落,非常具有戏剧性。西方社会,尤其是美国的新闻记者与相关学者对丁玲有着浓厚的兴趣。在不同的历史阶段,丁玲都是西方记者想要采访的对象。西方记者们对丁玲的采访推动了丁玲及其作品在美国的传播。丁玲其人其作在美国的传播为针对其开展的学术研究奠定了前提条件。

(一) 丁玲与美国人士的接触与交流

1931 年因为丈夫胡也频等左联五烈士的牺牲,丁玲根据党组织的安排,接受了史沫特莱(Agnes Smedley)的采访。此后,年轻的丁玲多次接受史沫特莱、伊罗生、尼姆·韦尔斯等美国记者的采访。这些记者不仅长期派驻中国,而且同情中国革命。丁玲与他们联系密切,结下深厚的革命友谊。1936 年,丁玲成为国统区第一个奔赴延安的名作家,她这一投身革命的行为产生了重大社会影响。在访问延安的西方记者的眼里,"丁玲是位非采访不可的名人"。[①] 事实上,抵达延安后的丁玲作为重要作家和党的干部多次会见弗朗西斯·鲁特、朱莉·克拉克、查理·希金森、约翰·福斯特、福尔曼等英美国家人士。[②] 1949 年到 1955 年,丁玲作为国家文艺界的高级干部和著名作家,多次参与来华访问的英美文艺界的相关沟通交流活动。1979 年平反复出后的丁玲又立即成为西方记者等相关人士竞相采访、交流的对象。丁玲恢复了与伊罗生、罗斯夫妇等美国老朋友的联系,接受了美籍华人於梨华、聂华苓、李黎、时钟雯、梅仪慈、美国诗人保罗·安格尔、中国香港记者冬晓女士、美国学者艾勃、美国《基督教科学箴言报》记者、美国女作家苏珊·商代克等诸多人士的采访,作为中国文艺界代表团的重要成员出访了美国、英国、加拿大、澳大利亚等西方国家,并多次参加了与在华外国专家和留学生等开展的各类交流活动。

---

① 梅仪慈.丁玲的小说[M].沈昭锅,严锜,译.厦门:厦门大学出版社,1992.
② 王增如,李向东.丁玲年谱长编[M].天津:天津人民出版社,2006.

　　1981 年 8 月 29 日至 11 月 27 日，丁玲应美国爱荷华大学国际写作中心邀请到美国进行访问。她访问、参观了爱荷华大学、密歇根大学、哥伦比亚大学、普林斯顿大学、哈佛大学、韦尔斯利学院、斯坦福大学等高等院校以及相关文学文化机构，听取了有关东欧、西班牙、拉丁美洲、印度等地区和国家作家的文学讲座。丁玲发表《我怎样跟文学结下了"缘分"》等讲话，接受了诸多新闻媒体的采访，与阿瑟·米勒、杨振宁、聂华苓、於梨华、李欧梵、白先勇、叶凯蒂、金介甫、桑达克、戈德曼、蒋勋、刘敦仁、葛德士、阿黛尔·怀斯曼进行了交流和沟通。1985 年 5 月 13 日至 28 日，丁玲率领中国作家代表团出访澳大利亚。她访问了悉尼大学、阿德雷德大学，与安德森、胡安·格朗特、约翰·莫里森、威列·克拉默、张在贤等作家、文学研究者就中国革命、妇女运动以及《莎菲女士的日记》等作品进行了交流。丁玲的出访对其人其作在美国等英语国家的传播起到了积极的影响。

　　目前所见到的有关丁玲最早的英文文字，是 1933 年在上海出版的英文报纸《大美晚报》和期刊《中国论坛》关于丁玲被秘密绑架的消息。1933 年 5 月 24 日《中国论坛》第 2 卷第 6 期发表了《丁玲被绑架》(艾诺莫斯撰写)，第 2 卷第 7 期译载了《中国左翼作家联盟为丁、潘被捕反对国民党白色恐怖宣言》。

　　丁玲到延安后的生活与经历也被西方记者用文字记录下来。1937 年丁玲在延安向斯诺当时的夫人海伦·斯诺(尼姆·韦尔斯)全面介绍其早年生活。具体情况在海伦·斯诺著作《现代中国的妇女》《中国的共产党员：老战士的速写与自传》中可见。1937 年 10 月上海的英文期刊《天下月刊》第 5 期刊登了 E. 里夫撰写的《丁玲，新中国的先驱者》。斯诺在英国伦敦公开出版的《红星照耀中国》(又名《西行漫记》)、美国记者尼姆·韦尔斯的《续西行漫记》、安娜·路易斯·斯特朗的《人类的五分之一》、史沫特莱的《中国在反击》《中国的战歌》等文章中都有丁玲的身影。里夫的《丁玲——中国的女战士》、荫森的《丁玲在陕北》等更是直接以丁玲为叙述主角,有助于外国读者去了解这位中国新文学作家。另外一位美国女记者尼姆·韦尔斯在《读〈西行漫记〉》中的一些章节提到了关于丁玲的事情。此外,根舍·斯坦恩的《红色中国的挑战》、罗伯特·伊里冈特的《中国的红色主人:中国共产党领导人的政历》、罗伯特·帕乌纳的《中国的觉醒》均介绍了丁玲在延安的生活经历。

(二) 丁玲作品在美国的译介

相比于鲁迅,丁玲作品的英译本相对较少。目前可见的丁玲作品英译本只有四本,即 1945 年印度普纳库塔伯出版社出版由龚普生翻译的丁玲作品选集《我在霞村的时候及其他小说集》(*When I was in Sha Chuan and Other Stories*)、1953 年中国人民出版社出版由杨宪益、戴乃迭夫妇共同翻译的《太阳照在桑干河上》(*The Sun Shines Over The Sanggan River*)、1985 年中国文学出版社熊猫丛书出版了由詹纳尔(W. J. F. Jenner)翻译的《莎菲女士的日记和其他故事》(*Miss Sophie's Diary and Other Stories*)、1989 年美国灯塔出版社出版由白露与乔布什(Gary J. Bjorge)合作翻译的丁玲小说选集《我自己是女人》(*I Myself Am Woman: Selected Writings of Ding Ling*)。该选本是唯一一本由美国学者选编、翻译的丁玲作品集,也是"迄今美国最有影响力的丁玲作品选集,根据联机联合目录数据库 WorldCat 显示,全美有 492 家图书馆收录有该选本,是美国图书馆丁玲作品英译本馆藏量最多的译本"。①

此外,美国的现代中国文学作品选集中选用了丁玲部分作品。1936 年,英国学者哈罗德·阿克顿和中国学者陈世骧共同编译的

---

① Http. www. worldcat. org/title/i-myself-am-a-woman-selected-writings-of-ding-ling/oclc/19321954&referer=brife_results-I myself am a woman: selected writings of Dingling. 转引自王晓伟. 丁玲小说英译的副文本研究——以白露的丁玲英译选本为例[J].南方文坛.2016(5):66.

《中国现代诗选》和美国记者埃德加·斯诺选编的《活的中国——中国现代短篇小说》中收录丁玲的作品。1974 年麻省理工学院出版《草鞋船》。此书由鲁迅和茅盾在 1934 年主编,收录了丁玲作品《莎菲女士的日记》和《水》。20 世纪 80 年代,夏志清与刘绍铭、李欧梵选编了《中国现代中短篇小说选》(英文)。编者选用了 20 位中国现代作家的 44 篇作品,丁玲的两部作品《我在霞村的时候》《在医院中》入选。

总体来说,相对于中国古典文学和鲁迅作品,丁玲作品在美国的翻译和介绍比较薄弱。丁玲作品在美国的传播主要产生、存在于学术界。作为美国学界最重要的丁玲研究者之一的梅仪慈曾明确指出"大部分丁玲小说都没有英译本",丁玲在美国普通读者中的传播与接受受到很大的制约。

(三) 丁玲在美国的学术研究概况

在夏志清之前,美国丁玲研究尚不能称为严格意义上的学术研究。从 20 世纪 60 年代开始,美国的丁玲学术研究开始发展,至今已有 60 余年历史。这 60 余年大致可以分为兴起、发展和繁荣三个阶段。第一阶段和第二阶段的研究者在完成自己的丁玲阐释时,都没有与研究对象丁玲本人见过面,都是通过丁玲的作品与相关文献来研究丁玲。

第一个阶段表现为丁玲零星出现在夏志清、夏济安的中国现代小说史和左翼作家研究中。研究的社会文化历史大背景是冷战时期中美对抗、对峙形态,研究的理论资源主体是西方当时主流的新批评理论。这段时期基本批评倾向是把丁玲解读为一个左翼作家、共产党的文学代言人,其艺术性因政治而受损,以"贬"为主。

第二个阶段出现了丁玲专门研究。虽然研究的历史背景、理论资源与兴起阶段类似,但是丁玲不仅仅出现在中国现代小说史和中国现代左翼文学研究大领域中,而且成为独立的研究对象。

布乔治、梅仪慈各自以丁玲为博士论文的研究对象,详细介绍、解读了丁玲的人生与创作历程。虽然布乔治、梅仪慈对丁玲仍表现出明确的批评,但其基本评价已经由"贬"转向"褒"。

第三个阶段是繁荣期。20 世纪 70 年代后期,复出文坛的丁玲极大激发了美国研究者的兴趣。原因有三:首先是 20 世纪 70 年代后期中美关系逐步正常化之后,中美两国之间文化与文学交流日益频繁。受到两国关系改善的影响,美国汉学界出现了中国现代文学研究的高潮。第二,中国"文革"刚刚结束,政府平反了不少冤假错案,丁玲就是其中影响力很大,也很复杂的案例,吸引了美国学者。第三,丁玲复出文坛之时正是美国学界女权主义理论兴盛之时。作为中国现代最重要的女性作家之一的丁玲自然备受美国研究者的关注。梅仪慈、白露、勃格等研究者纷纷来中国访问丁玲。特别是 1980 年丁玲本人访问了美国,以及 1986 年丁玲去世,中国和美国都掀起丁玲作品再解读的热潮。对于此时的美国丁玲研究者来说,夏济安"没有机会采访书里的主人公"①之遗憾不复存在。第三阶段的研究者不仅可以阅读丁玲的作品和相关文献,而且有机会接触丁玲本人,能够查阅、使用一些有关丁玲过去的记载和档案。他们更加关注丁玲的个人历史细节,希望还原真实。

总之,丁玲是现代中国的一个非常醒目、重要的文化符号,得到美国学者的高度关注并成为其学术研究的选题和对象。

从整体而言,美国丁玲研究在学术历史流变中日益复杂化,并出现了鲜明的女性主义转向。夏志清、夏济安、布乔治、梅仪慈主要围绕政治与文学、知识分子(作家)与革命等传统命题进行论述。虽然夏志清把丁玲简单化为一个文学艺术表现非常拙劣的左翼作家,但是经过夏济安、布乔治、梅仪慈、白露、颜海平的分析与阐释,美国学术研究中的丁玲形象复杂多元了。20 世纪 70 年代末,美

---

① 夏济安.黑暗的闸门:中国左翼文学运动研究[M].万芷均,陈琦,裴凡慧,等译.香港:香港中文大学出版社,2016:xxxi.

国丁玲研究出现了女性主义转向。这种转向自然也是西方尤其是美国的社会历史文化语境所决定的,其先导可以追溯至后期的夏志清和夏济安。布乔治和梅仪慈虽然尚没有使用"女性主义"这个专门的理论和学术术语,但是他们的阐释中充满对丁玲及其笔下女性的同情与尊重,这导致其丁玲研究充满女性主义气息。白露则正式开启了美国甚至是世界范围内丁玲研究的女性主义时期,后来的研究者刘禾、周蕾、颜海平、刘剑梅都属于这个研究谱系。颇有意思的是,不仅美国丁玲研究者的理论与价值评判出现鲜明的女性主义转向,研究者本身的性别构成也出现女性转向。从发展期以来,在美国丁玲研究者中女性学者占据了绝大比例。研究者女性化之现象表征着美国社会,尤其是学术界性别结构以及性别文化发生了很大的变化。这种变化自然也会在研究价值取向、研究路径中有所呈现。

美国学者对丁玲的介绍和研究推进了丁玲在美国的传播和接受,丁玲及其文学成就得到了美国学界的高度评价和认可。美国权威学术著述《二十世纪世界文学百科全书》认为:"丁玲作为一个二十世纪最有力量、最活跃的作家,在中国文学史上仍占据着一个显著位置。"①1986 年 2 月 25 日,美国文学艺术院授予丁玲"荣誉院士"称号。令人遗憾的是,丁玲在 1986 年 3 月 4 日去世。丁玲本人自然没有看到这个后来寄到了北京的证书。

三、丁玲研究者的代际变迁

美国的丁玲研究已有 70 年历史,其研究者也呈现出明显的代

---

① 文学武.丁玲研究述评(1929—2003)//中国丁玲研究会.二十世纪中国社会变革的多彩画卷——丁玲百年诞辰国际学术研讨会论文集[G].长沙:湖南人民出版社.2004:709.

际变迁。不同代际的研究者身处的文化历史语境虽有某种程度上的共同性,但是也存在不可忽略的差异。这种不可忽略的差异体现在不同代际中的研究者具有不同的价值观、知识论和方法论,因而其丁玲研究的观点与成果具有明显的阶段性特点。笔者将美国的丁玲研究者分为三代。第一代为丁玲研究的发生期,代表性研究者是夏志清、夏济安、戈得曼等;第二代是布乔治、梅仪慈、勃格等;第三代是白露、颜海平、刘禾、周蕾、刘剑梅等。

(一) 第一代研究者:二元对立中的丁玲解读

第一代研究者主要包括夏志清、夏济安和戈德曼三人。夏志清、夏济安是美籍华人,二人是同胞兄弟;戈德曼是美国本土学者。这三人均研究现代中国文学,虽然三人的侧重点不一样,但都涉及丁玲。他们的丁玲研究成果主要出现在 20 世纪六七十年代,都或多或少地带有二元对立思维色彩。

夏志清(C. T. Hsia, 1921—2013)是西方中国现当代文学研究的开创性人物,同时也是最具影响力的学者之一。作为美国和世界范围内中国现代文学研究的开山鼻祖,夏志清也是西方第一个从学术意义上研究丁玲的学者。1961 年,哈佛大学出版社出版了夏志清的英文专著《中国现代小说史》,这是海外第一本研究中国现代文学的英文专著,已经成为西方高校现代中国文学教学和研究的必读书。此书对 20 世纪 20 年代到 60 年代约半个世纪内的中国现代小说进行了全面描述。作者夏志清因此在西方主流的文学评论界中成名。此书对中国现代文学的影响巨大,开创了许多至今仍被研究的批评议题。

《中国现代小说史》的出现具有自身的历史性。夏志清毕业于民国时期上海沪江大学英文系,曾担任北京大学英文助教,1947年考取北大文科留美奖学金,在耶鲁大学英文系攻读博士学位,因此夏志清的专业背景和研究方向原本是西方文学。1951 年夏志清应聘了哈佛大学政治学教授饶大卫（David N. Rowe）主持的一个研究项目《中国：地区导览》（*China: An Area Manual*），负责撰写现代中国思想、文学、大众传播三个内容。这个由美国政府资助的带有强烈冷战意识的研究项目彻底改变了夏志清的学术选择和走向。在项目研究中，夏志清发现西方对中国现代文学知之甚少，更谈不上系统的学术研究。夏志清决定创作一部现代中国文学专著，希望能为中国的现代文学代言。他的这个计划获得洛克菲勒基金会支持。在既缺少完整的现代中国文学图书，也极度缺少批评资料的情况下，夏志清克服种种困难在 1961 年终于完成《中国现代小说史》。

《中国现代小说史》（以下简称《小说史》）有着自身鲜明的理论渊源和学术谱系。首先，夏志清接受了正统英美文学训练，他深受 20 世纪四五十年代英美文学理论新批评（New Criticism）以及西方传统的人文主义的影响。新批评的主将布鲁克斯是夏志清的老师，布鲁克斯明确反对文学的"传道和说教"等宣传功能。老师的这种影响决定了《小说史》的理论背景，也决定了该书价值论基础和方法论呈现。《小说史》初版序言宣称文学研究的独立性，强调文学以及批评不是政治、经济研究领域的附庸。夏志清认为文学史家的首要任务是发掘、鉴赏优美的作品。夏志清意义上的"优美作品的标准"重点关注语言和形式，偏好从西方传统审美标准来评价作品，厌恶与现实地缘政治密切相连的作品。夏志清的文学理念与刚刚诞生不久的稚嫩的且强调作品"政治性"的中国现代左翼文学处于对立的两端，因此中国现代左翼文学自然不可避免地成为夏志清的批判对象。

夏志清的第二个学术渊源来自倡导英国小说"大传统"的利维斯（F. R. Leavis）。利维斯认为最动人的文学作品无非来自对生命完整而深切的拥抱。所以要特别指出的是人们往往把夏志清归于"纯文学"拥趸者。其实，在强调小说艺术性与文学性的同时，夏志清具有强烈的人生和历史情怀,自觉或不自觉地超越了新批评的局限,没有将文学仅仅视为新批评重要的美学意象——"一只精致的瓮瓶"。夏志清要求文学为人生、人性负责。夏志清的独特性在于认为小说家为人生和生命负责的前提是要把握创作的艺术性。按照夏志清的"优美文学"的标准,丁玲自然不够匹配。夏志清也必然不会把丁玲视为中国现代文学史上的重要作家,他没有用专章对丁玲进行详细论述,而只在《第一阶段的共产主义小说》和《第二阶段的共产主义小说》两个章节中零碎论及丁玲。

在著名的"夏普"争论中,夏志清在坚持对丁玲原有评价的同时,也对自己的态度进行了一些修正,在《论对中国现代文学的"科学"研究——答普实克教授》一文中明确承认自己对丁玲"有失公允"。夏志清承认的所谓"有失公允"之处是没有充分发掘出丁玲的早期和延安时期的短篇小说的创作特色,并将之视为丁玲的代表作和主要文学特色。也就是说,在夏志清看来,能够真正代表丁玲文学成就的不是《水》《太阳照在桑干河上》等作品。夏志清1963 年发表《残留女性气质:中共小说中的女性形象》(*Residual Femininity: Women in Chinese Communist Fiction*)一文,在文中承认自己对丁玲早期和延安初期作品的忽略,这种忽略导致他没有对丁玲的文学成就"做出很不一样的描述"。夏志清分析小说中的女性形象和生存状况,抨击了当时制度下中国妇女个人问题被漠视、女性成为工具的问题。夏志清指出中国女性往往被塑造成亲切的、忠于劳动的理想形象,但是丁玲文学中的女性呈现出明显的异质性。丁玲早期作品中的女主人公"往往具有挑衅和放纵的自我主张虚无主义特征",[①]丁玲在延安整风运动之前所创作的《我在霞村的时候》《在医院中》中的"温暖"女性形象成为夏志清抨击当时制度的例证。夏志清认为丁玲在坚信共产主义信念的前提

---

① C. T. Hsia. *Residual Femininity: Women in Chinese Communist Fiction*[J]. *The China Quarterly*. 1963(1): 175 - 176.

下坚持不断地对官僚主义进行了抗议和批评。至于有关丁玲的私生活，夏志清一改其在《小说史》中的讥讽语气和用词，转而认为丁玲是一个反抗传统的豁达的现代女性，因此丁玲不会在意他在《小说史》中的评价。这表明夏志清对丁玲的评价已经发生了巨大的转折性改变。

此后夏志清对丁玲没有进行更为集中的分析和评价，但是他对丁玲的评价的确有显著的提升。20 世纪 80 年代，夏志清与刘绍铭、李欧梵共同编辑了《英译〈中国现代中短篇小说选〉》一书。此书选用了中国现代文学史上的 20 位作家 44 篇作品，以此来代表 1919—1949 年三十年间现代中国小说的成就与成果。夏志清认为这 20 位作家都是人道主义者和社会讽刺写实家，他们关注的是旧社会的牺牲者和旧制度的残酷，他们的这 44 篇作品是这三十年间现代中国"最佳中短篇小说"。丁玲的《我在霞村的时候》《在医院中》入选其中。夏志清将丁玲与赵树理进行了区分，认为虽然丁玲与赵树理同为共产党统治区最具代表性小说家，但丁玲的作品表现了小人物的善良、卑微，丁玲与鲁迅、叶绍钧、巴金、萧军、萧红一样有着明显的"契诃夫的色调"。此时的夏志清显然具有了女性主义意识，认为丁玲创造了"表征作者自己在依然是男性为中心的社会里受过的理想之挫败"的女性形象，强调丁玲与凌叔华、萧红和张爱玲一样特别关心女人的命运。

整体而论，夏志清在《小说史》中对丁玲的评价产生了巨大的不良影响，深刻影响了此后的丁玲研究和丁玲的普通读者（阅读市场）。在《小说史》中，丁玲被简单化、平面化为一个缺少文学性或艺术性的左翼女作家。这种简单化、平面化的丁玲形象不仅刻板地铭刻在了学院内，而且经过多年的传播，成为普通读者的"常识"，这对丁玲在全球范围内的大众接受与传播都产生了巨大的负面影响。当下中国以及海外传统的现代文学研究界基本都把丁玲归于左翼作家行列。在中国现代文学史的相关研究中论述丁玲的篇幅都比较简短,而且都或明或暗地预设丁玲文学作品艺术性不高。尤其是在中国大众的阅读认知中,丁玲往往被简单化地评价为一个左翼女作家。丁玲作品因此在文学阅读市场上受到了相当程度的冷落,与张爱玲热形成了鲜明、尖锐的比照。中国著名作家王蒙为此打抱不平,他认为丁玲"并非像某些人说的那样简单。我早已说过写过,在全国掀起张爱玲热的时候,我深深地为了人们没有纪念谈论丁玲而悲伤而不平"。①

　　虽然夏志清后期对丁玲的评价有大幅度的提升,修正了不少观点,但是他再也没有像《小说史》里那样用较长的篇幅研究丁玲,更没有专题撰写丁玲,而只是在一些相关论文和选集序言中泛泛论及丁玲,片言只语,散落在长篇大论之中,很难被普通读者注意到。夏志清后期关于丁玲的评价自然被淹没,其影响力远不如《小说史》中的评价。

　　夏志清的《中国小说史》创作于冷战时期。冷战期间美国对中国的关注是出于刺探情报的需要。其研究观点明显表现出冷战特征,冷战带来的思维定式导致认知和判断的局限,散发着一种缺乏"同情的了解"之意味,对包括丁玲创作在内的左翼文学强烈批斥,缺少发生学意义上的评价,简单化并显得粗暴,学理性较弱,情感偏好过于明显而有失公允,缺少学术研究的民主姿态与绅士风度。此后,美国的丁玲研究者如李欧梵、王德威基本继承了夏志清早期对丁玲的评价,批评其作品因为政治性而损伤了艺术性,其文字粗糙,等等。

　　总之,后来的美国研究者都在以不同的方式回应夏志清的观点,在学术对话与喧哗中或赞同或反对。丁玲研究得以不断深化,丁玲形象开始了复杂化、历史化、跨学科化的立体解读。

　　夏济安为夏志清之胞兄,20 世纪 40 年代曾与夏志清同在北

---

① 王蒙.我心目中的丁玲[J].读书.1997(2)：88-98.

京大学任教,后离开大陆在台湾大学任教。夏济安在台湾创办了重要的文学刊物《文学杂志》(1956—1960),被誉为台湾现代文学的教父。夏济安与戈德曼共同开创了美国中国左翼文学研究中的"悲剧论"。夏济安对中国左翼文学有着强烈的学术兴趣,出版了专著《黑暗的闸门——中国左翼文学运动研究》。该书1968年由华盛顿大学出版。因为夏济安1965年2月23日突然去世,并没有亲眼见证此书的出版。这本专著是西方第一部研究中国左翼文学运动的专著,开创了西方的中国左翼文学研究历史。《黑暗的闸门》分析了瞿秋白、鲁迅、蒋光慈、冯雪峰、丁玲、左联五烈士的思想、感情与写作、革命经历。夏济安综合运用了普实克的历史意识和夏志清的文学判断,其研究呈现出传记、历史和批评相融合的风格。夏志清将夏济安这种独特方法和风格称为"文化批评"(cultural criticism)。夏济安此书获得学界的高度评价,被认为是一本划时代的杰作。在此后很长的时间里,西方中国左翼文学研究的架构和基本观点都可视为对这本书的应和,而难以超越它。对中国左翼文学和丁玲,夏济安与其胞弟夏志清的观点有着相似之处,两人均认同中国左翼文学缺少艺术审美价值和文学意义,但两人同时也存在明显的差异。

首先,夏济安认为左翼作家具有很大的研究价值。虽然左翼作家的作品数量相对不多,创作水准参差不齐且颇有争议。他们的重要性不是其作品的文学价值,而是在于他们对革命的贡献。左翼作家代表着现代中国一支崭新的创作流派且对中国现代历史产生了重要影响。

其次,不同于夏志清的讥讽与不屑,夏济安对左翼作家的批评有着深切的同情与理解。夏济安对左翼作家的态度明显不同于夏志清的"尖刻"。夏济安理解、欣赏左翼作家的社会与民族责任感。他分析了左翼作家的历史处境。五四运动以后旧中国的社会体系瓦解,这些左翼作家因此具有"巨大的自由"。他们对社会现状不满,力图创造出一个更美好的世界。"巨大的自由"让他们主动肩负了"巨大的责任"。夏济安总结提炼了左翼作家相似的文学气质,概括了左翼作家作为一个文学团体的特征:左翼作家的作品和行为更为强烈地表现出强烈想要实现理想的天真、勇气以及浪漫主义倾向。

夏济安深刻质疑的是左翼作家在尚未完成新型的革命文学所需要大量练习的情况下,便又投身革命这种行为。夏济安进一步指出这些左翼作家在对人性、革命或政治的认识过于热烈、理想、简单、片面,没有意识到人性冷漠和革命残酷的复杂面向。这种堪称"幼稚"和"不成熟"的认识导致左翼作家要承受悲剧性的后果,他们必然会在革命中沦为牺牲品,而且这导致他们的革命文学也相应显得幼稚、不成熟,文学形式难免粗糙。这些左翼作家既要花费大量精力从事革命工作,又要坚持文学创作,其精力难以同时兼顾文学创作和革命工作的质量。需要特别指出的是夏济安虽然批评这些左翼作家幼稚和天真,但又深深欣赏这些作家的家国情怀和社会担当。这些左翼作家的理想与追求对中国的历史进程具有重大意义。在这种既批判又欣赏、佩服的判断和情绪逻辑中,夏济安把这些热爱文学、献身革命的左翼作家的命运称为"悲剧",表现出研究者本人深深的欣赏、同情和惋惜。夏济安的"左翼作家悲剧论"在包括美国在内的西方国际产生了深远的影响,可以说夏济安以后的西方的中国左翼文学和丁玲研究者都持有这种观点。

最后,夏济安开启了美国鲁迅与丁玲的比较研究传统。他认为当时所谓左翼作家中,鲁迅和丁玲在认知和处理文学与革命(政治)的关系时具有某种相似性,即两人均"始终未能寻到政治与文学之间的和谐"。① 夏济安认为鲁迅虽然对革命非常同情,但是他对革命作家的文学作品有过质疑和批评;而且鲁迅不是一个左翼

---

① 夏济安.黑暗的闸门:中国左翼文学运动研究[M].万芷均,陈琦,裴凡慧,等译.香港:香港中文大学出版社,2016:173.

气质的作家,因为鲁迅强调"在描摹生活时应该重视常识性、高品质及真实性"。① 丁玲同样如此,丁玲没有像其丈夫胡也频那样毫不迟疑地迅速成为狂热的革命者和革命文学作家,丁玲也批评过胡也频及其作品的"幼稚"。她对革命也曾经有过怀疑。在胡也频投身革命时,丁玲是有过明显迟疑的。夏济安指出只有革命的人们和事物才有资格进入胡也频的笔下,相反在丁玲的作品中对非革命的生活场景有着非常生动的描述。而且,夏济安非常欣赏丁玲的批判意识,他认为丁玲在杂文《我们需要杂文》中对革命根据地延安的大胆批评"不禁让人想起鲁迅无所畏惧的身影"。② 在此后美国的丁玲研究者中,布乔治、查尔斯·J. 艾勃、白露都常把丁玲与鲁迅进行比较研究。

夏济安有关丁玲的论述非常简短,总是寥寥数语,但是这寥寥数语的信息量极大,非常值得研究和讨论。尤其是夏济安对延安时期丁玲的评价,奠定了美国对所谓后期丁玲评价的欣赏基调。整体而言,夏济安的丁玲研究非常具有原创性、开拓性、先锋性,表现了研究者卓越的学术与文学艺术鉴赏力,值得人们去深度挖掘其价值。

梅尔·戈德曼(Merle Goldman,又译为谷梅)的研究兴趣是现代中国作家与中国共产党之间的矛盾与冲突,以及这些作家的悲剧性命运,涉及从 1942 年到 1958 年中国文化界的种种运动。丁玲自然会出现在戈德曼的研究视域中。梅尔·戈德曼 1964 年在《中国季刊》第 17 期发表《一九四二年作家对党的批评》,1967 年哈佛大学出版社出版了戈德曼的专著《共产党中国文学的持异议者》(Literary Dissent in Communist China)。戈德曼对中国革

---

① 夏济安.黑暗的闸门:中国左翼文学运动研究[M].万芷均,陈琦,裴凡慧,等译.香港:香港中文大学出版社,2016:172.
② 夏济安.黑暗的闸门:中国左翼文学运动研究[M].万芷均,陈琦,裴凡慧,等译.香港:香港中文大学出版社,2016:227.

命甚无好感,将丁玲、王实味等对中国共产党提出了批评的作家称为"持异议者"。其基本观点是"作家悲剧论"和"反共论",即持有异议的作家被其献身的中国革命和中国共产党所吞噬,强调作家与共产党领导的新政权之间的对抗与冲突,认为这些作家的命运比其作品更有研究意义和价值。在戈德曼的解读逻辑框架中,丁玲无疑是最富有典型性的悲剧作家。在这个意义上,戈德曼的观点是夏志清和夏济安的混合表现。丁玲在 1980 年代访问美国时,两人有过直接的接触和交往。

(二) 第二代研究者:尊重理解中的丁玲研究

第一代研究者是在中国现代小说史、左翼文学或共产主义文学制度研究中零星论及丁玲,没有对丁玲进行专门的、详细的研究。1970 年代以来,美国的丁玲研究发生了明显的变化,出现了第二代研究者。第二代研究者主要包括加里·约翰·布乔治、梅仪慈和查尔斯·J. 艾勃等。这三位学者至少在某个特定的时期是丁玲的专门研究者。布乔治、梅仪慈和艾勃都对丁玲进行了非常集中的详细的解读,他们逐步走出了第一代研究者的二元对立思维模式,对丁玲表现出了极大的尊重和理解。

加里·约翰·布乔治(Gary J. Bjorge),毕业于美国威斯康星大学,1977 年完成博士论文《丁玲的早期生活与文学创作》。这是美国第一部以丁玲为研究对象的博士论文。1989 年布乔治与白露合作,选编翻译了丁玲小说选集《我自己是女人》(*I Myself Am Woman: Selected Writings of Ding Ling*)。

虽然布乔治明确表明其丁玲研究的理论资源主要借助于新批评理论,但是他其实已经有意识或无意识地突破了新批评理论的局限性,没有将丁玲的文学作品进行"自足的"封闭式研究。布乔治花了较长的篇幅来考察丁玲的写作动力。他认为丁玲的早期文学作品是"她发现内心苦闷和挫折的工具,是她如何使自己的梦想与现实相一致以及继续寻找独立道路的手段"。① 这个判断显然不同于"纯文学"观点。

布乔治的丁玲研究成果具有极大的学术开创性意义,他正式开启了美国丁玲研究从"贬"到"褒"的转向。布乔治对丁玲既有欣赏、赞扬,也有质疑和批评,但他总体非常欣赏丁玲巨大的文学艺术才能,同情丁玲的多舛命运。这同时也意味着美国丁玲研究复杂化转向的开始。布乔治与后来的研究者梅仪慈之论述各有特点,但是两位学者拥有不少类似观点。笔者认为梅仪慈的观点大多是布乔治的观点的深化和延伸。非常遗憾的是,布乔治的丁玲研究在美国和中国的影响都非常薄弱,基本上没有有效地改变夏志清早期丁玲观点在学术界的传播与接受。而且一旦论及美国夏志清以后丁玲研究的转折点和突出成果时,学界普遍会认为是梅仪慈而非布乔治。这需要我们进行学术澄清与解释。

梅仪慈(Yi Tsi Mei Feuerwerker),美籍华裔,是我国20世纪初著名文学批评论家梅光迪的女儿,②是美国学界中继布乔治后第二个把丁玲作为博士论文研究对象的学者,后曾任密西根大学教授。20世纪70年代,梅仪慈发表了很多丁玲研究成果。1974年8月在马萨诸塞州得达姆召开的"五四时期的中国现代文学"研讨会上,梅仪慈提交了论文《文学与人生的变化关系:丁玲作家角色的方方面面》(*The Changing Relationship between Literature and Life: Aspects of the Writer's Role in DingLing*)。此外还在相关学术期刊上发表3篇有关丁玲的论文《20年代和30年代的女作家》(*Women as Writers in the 1920s and 1930s*)、《丁玲的〈我

---

① 加里·约翰·布乔治.丁玲的早期生活与文学创作(一九二七—一九四二)//孙瑞珍,王中忱.丁玲研究在国外[G].长沙:湖南人民出版社,1985:105.

② 梅光迪(1890—1945),学衡派创始人。1911年赴美留学,是中国首位留美文学博士,先后求学于西北大学、哈佛大学,后在哈佛大学执教十年。1920年回国先后任教于南开大学、南京大学。1924年至1927年去美国讲学。此后又回国或去哈佛大学任教。1945年在贵阳去世。

在霞村的时候〉》(*Ding Ling's "When I Was in Sha Chuan"*)、《文学的用途：丁玲在延安》(*The Use of Literature: Ding Ling at Yan'an*)。这些文章构成了梅仪慈比较文学博士论文的主要内容。1979 年梅仪慈出版了《丁玲的小说：中国现代文学中的意识形态与叙述》(哈佛大学出版社)。这部著作共分为"导言：一位幸存的作家""主观性与文学""走向革命文学""延安文学与文学之应用""以文学作品反映历史的《太阳照在桑干河上》""结语：对文学的责任感"六个部分。著作以丁玲的生平为解读脉络，结合其各个时期具体的文学作品，对丁玲及其作品进行解读。

梅仪慈的丁玲研究非常严谨。首先，梅仪慈在美国花费大量精力来收集尽可能完整的丁玲文献资料。第二，梅仪慈是美国研究者中得以当面访问丁玲的第一人。梅仪慈得知丁玲平反重返文坛后，立即申请美中学术交流委员会的资助，于 1981 年 3 月至 8 月在中国内地停留了 6 个月。在这期间，梅仪慈多次与丁玲交谈，并建立了非常良好的私人关系。丁玲非常信任梅仪慈，邀请梅仪慈一起旅行，允许梅仪慈陪同自己出席很多社交场合，要梅仪慈"看她表演"。此后在丁玲访问美国期间，两人也多次见面，并一直保持通信联系。丁玲与其美国研究者的私人关系大多不太融洽，梅仪慈是唯一的例外。

梅仪慈与丁玲对文学有个共同的认知和坚持。梅仪慈继承了其父亲梅光迪基本的文学观点，即"坚信文学对社会有着重要的作用"。正是在这个意义上，梅仪慈开始了对丁玲的研究。而且这个观点也奠定了梅仪慈对丁玲的高度认同和深切的同情、惋惜。[①]梅仪慈围绕着丁玲作为"一位幸存的作家"来展开自己的研究。首先是丁玲不同时期的小说特点以及这种小说对社会的分析与认知。因为丁玲对文学有强烈的责任感，不管在何种条件下她都坚

---

① 梅仪慈对丁玲的高度认同不意味着她对丁玲没有批评。

持创作,这既表现了丁玲强烈的作家意识,又导致丁玲和现实地缘政治过于密切而招致批评。相比于布乔治,梅仪慈的丁玲研究在中国学界产生了较大的影响力,《丁玲的小说:中国现代文学中的意识形态与叙述》被誉为美国丁玲研究的经典作品,其丁玲研究观点与成果经常被中国大陆的丁玲研究所借鉴与引用。

查尔斯·J.艾勃是美国南卡罗来纳大学中国语言文学系教授,他在 2002 年和 2004 年分别出版丁玲传记:《忍受革命:丁玲与国民党中国的文学政策》(*Enduring the Revolution: Ding Ling and the Politics of Literature in Guomindang China*)和《拥抱谎言:丁玲与中华人民共和国的文学政策》(*Embracing the Lie: Ding Ling and the Politics of Literature in the People's Republic of China*)。艾勃的这两本传记以 1949 年为界把丁玲的生命轨迹分为两个阶段。第一本聚焦新中国成立前的丁玲人生轨迹与文学创作历程,第二本具体呈现 1949 年新中国成立之后直到 1986 年逝世此段时间的丁玲命运波折、文学创作以及丁玲逝世后一段时间社会各界对丁玲的评价。这两本传记堪称"姊妹本"。

艾勃是研究中国现代文学的美国学者。在研究丁玲之前,艾勃还研究过鲁迅,并出版了鲁迅传记。1978 年艾勃开始准备丁玲传记的写作,总共耗时 20 余年。为了力图还原丁玲复杂的生平历史,1980 年艾勃申请了南卡罗来纳大学与山西大学的交换项目,同年 8 月底艾勃抵达山西太原。从 1980 年 10 月至 1981 年 5 月间,艾勃在山西大学中文系负责人曹玉梅的陪同下四次拜访了丁玲本人,并采访了与丁玲有着密切关联的沈从文、萧军、楼适夷、王一知和袁良骏等人。艾勃因此得以广泛收集了中国的各种丁玲文献。丁玲本人看过第一本传记《忍受革命:丁玲与国民党中国的文学"政策"》的草稿,但丁玲对勃格的研究与阐释明确表示了不满。不满的主要原因是在艾勃对丁玲早期上海私生活的描述、早年丁玲与无政府主义的联系和丁玲在延安不受欢迎等内容。丁玲为此专门写信给陪同艾勃来访的曹玉梅表达了自己的不同意见。

笔者认为丁玲对艾勃产生不满是一件意料之中的事情。作为美国20世纪80年代的学者,艾勃在丁玲研究中践行了新历史主义文学批评理论与研究路径。在其具体阐释中,对于丁玲每一个经历,特别是有争议的经历,艾勃都尽可能收集与之相关的各类论述,并将种种或冲突或有差异的观点并置在一起,让读者在众说纷纭中辨别、取舍真伪。

总体来讲,艾勃的这两本丁玲传记资料翔实,蔚为大观。但是其主要观点仍未超越梅尔·戈德曼的论述,具体表现为艾勃对中国革命缺少同情的理解和深入的了解。艾勃这两本传记的名字《忍受革命:丁玲与国民党中国的文学政策》《拥抱谎言:丁玲与中华人民共和国的文学政策》都集中、鲜明地表现了作者对中国共产党领导的中国革命和中国共产党建立的新政权的敌意。在这种价值判断的基础上,艾勃虽然对丁玲的命运深表同情,但是把丁玲简单悲剧化了,自然对丁玲与现代中国革命的关联的阐释也过于简单。艾勃把丁玲悲剧产生的原因概括为丁玲拥有文学界与政治家的双重社会身份,但是他又认为"从本质上讲,丁玲不是一个政治家……她更多具有文学家的气质——自信、热情但敏感、个人化、容易冲动"。① 所以,虽然艾勃的这两本丁玲传记资料呈现非常翔实,但是因为其观点与解读的创新性和复杂性都不是很强,这两本丁玲传记在学术界产生的影响比较微弱。

需要特别指出的是,虽然作为研究者和被研究者的艾勃与丁玲对不少具体事件持有差异很大的解释,且两人私人关系也不算融洽,但是艾勃对丁玲仍充满尊重。2004年10月,艾勃专程来中国常德参加了"丁玲百年诞辰国际学术研讨会",并提交了论文《她确实应该得到充分的荣誉》。在文中,艾勃阐释、褒奖了鲁迅对丁

---

① Charles J. Albert. *Embracing the Lie: Ding Ling and the Politics of Literature in the People's Republic of China* [M]. Westport: Praeger Publisher, 2004: 280.

玲的巨大影响以及丁玲对鲁迅精神的传承,即丁玲早期写作所表现出的对弱者的怜悯与反抗精神。他认为丁玲 1942 年前在延安创作的《我在霞村的时候》《在医院中》《我们需要杂文》和《三八节有感》四个作品表现了"作家的诚实与勇气",①这使得西方学界认为这些作品成就了丁玲文学创作的高峰时期。当然,艾勃随后又用其一贯的观点,直言不讳地批评丁玲在延安整风后缓解了批判力度,"不但开始与社会妥协,而且违背了自己那些真实的想法和观点"。② 艾勃因此认定《太阳照在桑干河上》《杜晚香》这两个作品"模糊了宣传工具和文学艺术的界限"。即便如此,艾勃坚持认为丁玲的文化与文学遗产仍有很大的挖掘空间,丁玲也应该得到充分的荣誉。艾勃的这些表述集中代表了美国主流学界对丁玲的最重要、最基本的想象、理解、阐释和认知。

除了布乔治、梅仪慈、艾勃三位学者之外,还有两位台湾学者张润梅和周芬娜也可看成是第二代研究者。1972 年张润梅获得交换项目前往美国斯坦福大学胡佛研究所进修,这期间她展开了丁玲研究。张润梅广泛收集了中国、日本以及美国的丁玲研究文献,并悉心考证,力图以一种尽可能客观、严谨的研究态度对丁玲1957 年之前的人生历程进行了翔实描述。历时六年的研究与写作,1978 年张润梅在台北国际关系学院出版了英文专著《丁玲的生平与创作》(*Ting Ling: Her Life and Her Work*)。1977 年周芬娜考取公费留学项目前往美国亚利桑那州立大学学习。1978年周芬娜在美国完成了《丁玲与中共文学》初稿,1979 年定稿。1980 年周芬娜在台北成文出版社出版了《丁玲与中共文学》。相对于张润梅,周芬娜的丁玲研究资料更多源于中国台湾地区和美

---

① 加里·约翰·布乔治.丁玲的早期生活与文学创作(一九二七—一九四二)//孙瑞珍,王中忱.丁玲研究在国外[G].长沙:湖南人民出版社,1985:100.

② 加里·约翰·布乔治.丁玲的早期生活与文学创作(一九二七—一九四二)//孙瑞珍,王中忱.丁玲研究在国外[G].长沙:湖南人民出版社,1985:101.

国,其丁玲研究旨在通过丁玲的悲剧命运来抨击中国共产党的文艺政策,这种情绪在第二代丁玲研究者中是比较少见的。据《丁玲年谱长编》记载:周芬娜在 1985 年 6 月 6 日在北京与丁玲见面交流过。

(三) 第三代研究者:多维视野中的丁玲阐释

第三代美国丁玲研究者出现在 20 世纪 80 年代,这代研究者的数量非常多,代表性研究者有白露、颜海平等。第三代研究者基本为女性,她们接受了非常完整的高等教育和学术研究训练,熟稔西方当代各种文学理论,能将丁玲置于多维文化视野中去加以分析和阐释。

在美国的丁玲研究学者中,汤尼·白露(Tani Barlow)具有鲜明的独特性。首先,白露的学术背景比较特殊。1975 年,白露获得旧金山州立大学历史和汉语的双学位(History and Chinese language dual degree, San Francisco State University),1979 年和 1985 年分别获得加州大学(戴维斯分校)历史学硕士、博士学位。白露的学术背景为她走上中国研究的道路做好了准备。目前白露是美国莱斯大学赵廷箴与怀芳亚洲学研究中心主任,并兼任历史系教授,教授现代中国史课程。白露同时给性别研究项目的本科生和研究生教授女性主义理论的课程,给国际学院学生教授"性别框架中的民族、种族和国家"的合作课程(Nationalities, Ethnicities and the State in a Gendered Frame)。白露的中国研究已经获得了极大的国际知名度,被视为现代中国研究,尤其是现代中国妇女研究方面的顶尖级学者。白露的研究领域涉及马克思主义、后殖民、现代性、女性主义等,相关著作包括如《世界现代女孩》(*The Modern Girl Around the World*)、《新亚洲马克思主义》(*New Asian Marxisms*)、《东亚殖民现代性的形成》(*Formations of Colonial Modernity in East Asia*)、《现代中国的性别政治:写作与女性主义》(*Gender Politics in Modern China: Writing and Feminism*)、《中国的身体、主体与权力》(*Body，Subject，and Power in China*)、《中国女性主义思想史中的妇女问题》(*The Question of Women in Chinese Feminism*)等。

不同于之前的夏志清、梅仪慈等具有文学背景学者的研究路径,白露的学术训练主要来自历史学。作为历史学家和女权主义研究者的白露,她具备历史研究的学术素养,综合调度女性主义、民族主义和马克思主义以及现代性的研究工具,较之前和同时期的研究者偏重文学文本和文学性、思想性的研究,白露的研究更加复杂和理论化,讲究概念厘定,方法严谨,重视史料的获取和整理。白露的丁玲研究显得缜密而严实。

其次,白露的学术活动非常活跃。白露创办了相关学术期刊和组织。1993 年,她创办《位置:东亚文化批评》(*Positions: East Asia Culture Critique*),该杂志获得了现代语言协会颁发的"最佳新期刊奖"(the prestigious Best New Journal Award)。白露首创了源于洛克菲勒基金会的亚洲研究批评项目基金(the Rockefeller Institutional Grants for the Humanities program),通过此基金来资助和推动中国文化研究。

再次,白露的丁玲研究具有强烈的女性主义意味。白露自 20 世纪 80 年底开始了丁玲的学术研究之旅,至今仍未停歇。1980 年,白露参加了在法国巴黎举行的中国抗战文学讨论会,并提交了论文《〈三八节有感〉和丁玲的女权主义在她文学作品中的表现》。这个题目清楚地表明白露的丁玲研究焦点不是传统意义上的文学而是女权主义,因此白露的丁玲研究理论、路径、风格和成果都非常独特,具有很强的原创性,影响巨大。在某种意义上,白露以一己之力扩展了丁玲研究的学术内涵,并卓有成效地提升了丁玲研究的学术分量。

丁玲成为白露的研究对象具有必然性。白露强烈的女性主义意识和敏锐的学术触角必然会捕捉到作为中国现代女性主义文学先驱的丁玲。白露认为丁玲的作品具有鲜明的现实性，与现实有深刻关联，她明确指出："丁玲的作品被认为与当今令人关心的、需要思考的问题有关，它们也是关于中国女性主义核心问题持之以恒的批评之作。"①虽然丁玲必然会成为白露的研究对象，但是两人的私人关系比较复杂。1982 年白露前往北京拜访了丁玲。二人的会谈气氛颇为微妙。在白露的陈述中，她很欣赏自己的学术研究对象丁玲，"她很坚毅、结实，头发笔直、灰色而且稀薄"。但是在会谈中白露经常会察觉丁玲的敌意，"当我回忆起她的样子时，我记得的是她伶俐的语言和侵犯性的身体姿态"。会见初始，白露认为丁玲"嘲讽"地向她咨询很多女性主义的问题。同时白露也坦陈自己刻意保持着与丁玲的距离，她因此拒绝了丁玲发出的一起去南方旅行的邀请。因为白露认为自己不想成为丁玲的"复仇代言人"。②

　　白露视角下的"丁玲"具有鲜明的独特性。在论文《〈三八节有感〉和丁玲的女权主义在她文学作品中的表现》中白露围绕丁玲问题的三个焦点展开：性爱、觉悟和社会；实际上回答的是两个问题：是谁掌管性表达和传宗接代的大权和在社会主义中妇女怎样才能争取与男人平等的权利。白露与其他研究者的差异在于视角。白露在文中强调了丁玲的思想构成，多次提及无政府主义对丁玲的影响。她认为无政府主义、个人主义是丁玲思想基本的底色，即便以 1942 年为界，这种基本的立场是没有实质的变化的。白露认为丁玲的思想与观点具有国际维度，论证了丁玲的思想受到艾伦·契、朵拉·布莱克、俄国的亚历山大·葛兰泰的性解放理

---

① 　Tani E. Barlow. *The Question of Women in Chinese Feminism* [M]. Inderpal Grewal, Caren Kaplan and Robyn Wiegman, ed. Durham: Duke University Press, 2004: 1.

② 　*The Power of Weakness/selected works of Ding Ling and Lu Hsun with an introduction* [M]. by Tani E. Barlow Introduction. New York, The Feminist Press, 2007: 25.

论和美国的玛格丽特·桑格的节育运动等的影响。

1985年,白露出版了她第一本关于丁玲的论著——《〈三八节有感〉与丁玲女权主义的文学话语》。1989年,白露与布乔治(Gary J. Bjorge)合作翻译编写了丁玲小说选集《我自己是女人》,这个译本最鲜明的特点是其译者白露长达数万字的序言,这个序言占整个译本篇幅的十分之一。在序言中,白露"揭示了女性文化和政治的多元性,引导西方读者从跨文化语境中的女性主义视角来正确解读丁玲的作品"。① 这篇序言再次明确宣告了白露的丁玲研究的女性主义角度和立场。

2004年,杜克大学出版社出版了白露著作——《中国女性主义思想史中的妇女问题》(*The Question of Women in Chinese Feminism*),这是白露关于丁玲研究最有分量的著作。该书共七章,其中关于丁玲的论述占据了最核心的两章(第四章和第五章)。这是白露历经数年的研究成果,本身就是全球化女性主义话语交汇的成果。该书"把注意力集中在众多持续进行的历史事件的不连贯性上,它是20世纪中国女性主义启蒙思潮断断续续积累的一部历史,也是对从事打造现代性政治秩序的每一个理论工作环节的新的思考"。丁玲成为白露讨论中国妇女思想发展史的最典型的范例。在第四章中,白露用"殖民现代性"(colonial modernity)等术语,梳理1911年帝制结束后中国思想领域启蒙思潮的状况和特点。白露视丁玲为中国启蒙知识分子,"她那具有创造力的小说对女性无能这一问题进行了详细研究,体现了对殖民现代性和启蒙充分性的检验"。② 在第五章中,白露延续了启蒙现

① *Tani E. Barlow. The Question of Women in Chinese Feminism* [M]. Inderpal Grewal, Caren Kaplan and Robyn Wiegman, ed. Durham: Duke University Press, 2004: 8.

② *Tani E. Barlow. The Question of Women in Chinese Feminism* [M]. Inderpal Grewal, Caren Kaplan and Robyn Wiegman, ed. Durham: Duke University Press, 2004: 8.

代性的线索,她认为毛泽东理论框架的形成为启蒙女性主义提供了第二次机会,使丁玲和其他女性主义的共产党人能够重新思考女性主义的主体应该是什么,以及作为革命国家的主体他们应该如何在厌倦了战争的广大农村中提出启蒙问题。白露特别关注丁玲在长期的流放中坚持思考启蒙思想中的妇女问题以及 20 世纪 80 年代以来丁玲在中国女性主义理论的平台上复现。

到目前为止,白露的丁玲研究仍未停止,近期她正在编写《嵌入丁玲笔下中国的女性》(*Women Constructed in Ding Ling's China*)一书。①

颜海平 1982 年毕业于复旦大学中文系并留校任教,1983 年赴美国康奈尔大学攻读欧洲现代文学与戏剧艺术、思想史和批判哲学并获得硕士和博士学位。此后颜海平长期在美国高校执教,获得常春藤盟校终身教席。目前颜海平已回国任教。与大部分美国的中国现代文学研究者有所不同,颜海平没有囿于文学或者中国现代文学领域,其涉猎更广,其研究内容涵盖中西文学、戏剧、电影、艺术、欧美思想史、批判哲学与跨文化理论等领域。这直接决定了其丁玲研究的基本风格。

颜海平的硕士导师 Dominick LaCapra(多米尼克·拉卡普拉)对其学术影响很大。Dominick LaCapra 是美国文理院院士,是欧洲思想史和人文理论界最重要的学者之一。他的学术路径和思想方法以西方高度分工、深度积累为传承,在此基础上力求文史哲的全面参与和综合更新。他大跨度使用人文学科相关资料,并对原有资料的既定属性和处理规则进行开放性变革;对主题进行跨界研究,对具体研究领域的专门范畴进行重组,更新问题意识,创新研究范式。颜海平深得其师衣钵,她的基本观点是文学研究不应限于既定固化的范畴定义。同时作为一个跨文化、跨族裔的研究

---

① 参见维基百科 Tani Barlow 词条。

者,颜海平自觉对不同文明的差异和相通之处进行叩问和探求,这无疑拓展和激活了颜海平的学术研究空间。

进入美国学术界工作后,颜海平和当代西方最活跃的女性主义研究者如莫汉蒂、艾杜、胡克斯等人成为同事。这些学者拥有跨文化、跨国别的学术道路和历史学、社会学和文学等多学科经历。这对颜海平的学术关注和学术选择产生了重要影响,并为其提供了西方前沿的方法论参考和借鉴。20世纪八九十年代,美国学术界的亚洲研究领域中有关现代中国革命、现代中国女性、现代中国文学的著述达到一个高潮,学者非常活跃,相关著述与观点层出不穷,可谓"众声喧哗"。在颜海平的阐释中随时可以看到对美国其他丁玲解读的质疑、争辩、应和。

此外,20世纪90年代以后,颜海平与美国高校中的女性学建设团队交流沟通很密切,学习和见证了"女性议题如何始终是而且也应该是内在和持久地成为我们高等教育制度改革的一部分"。[①]颜海平自认为与美国学界诸多的女性主义学者的交流是"最为珍贵的馈赠",即"女性主义学术不只是某种概念的操练或知识的炫耀,更是一种跨越多重边界的日常实践和实践中的人生历练与人性坚守"。[②] 当前仍然存在的种族化和性别化的学科分类与学术等级制度,它们阻碍人们在各自具体、琐碎的日常生存境遇中去践行生命理想。颜海平认为革命或变革需要人们在日常生活实践中发生和坚持。颜海平对女作家丁玲进行的生命史和文学史相结合的解读方法无疑就是这种理念的具体学术实践。

美国劳特里奇出版公司(Routledge Publishers)2008年出版了颜海平的英文专著《中国女作家与女性想象,1905—1948》

① Yan Haiping. *Chinese Women Writers and the Feminist Imagination*,1905 -1948 [M]. Mark Selden, ed. London: Routledge, 2006: 174.

② Yan Haiping. *Chinese Women Writers and the Feminist Imagination*,1905 -1948 [M]. Mark Selden, ed. London: Routledge, 2006: 174.

(Chinese Women Writers and the Feminist Imagination，1905 - 1948）。该书除导论外共有 7 章,以时间为序具体论述了 7 个女作家(秋瑾、冰心、白薇、袁昌英、萧红、王莹和丁玲)的生命和文学实践;其中秋瑾、冰心各据一章(第一章和第三章),白薇、袁昌英和萧红、王莹分布于第四章和第五章,唯有丁玲一人以"非真的韵律"为题单列了两章(第六章"丁玲的女性主义之旅"和第七章"丁玲故事和中国革命"),占全书整体论述的三分之一。颜海平赞誉丁玲为"现代中国最杰出的革命女作家",其笔下的"丁玲故事"厚重开阔,浓墨重彩,意味深长。在这样的学术前提和基础上,颜海平的丁玲研究综合运用了当代东西方人文学科的各种理论,如女性主义文论、后殖民主义、女性主义戏剧文学和演出实践研究、城市文明、摄影及电影理论等。颜海平的阐释充分借鉴前人的观点,并进行了卓有新意的创造性解释,开拓了美国丁玲研究的新空间、新能量,使美国的丁玲研究呈现出一种新鲜的学术研究气质。

在高度理论化、复杂化的同时,颜海平对丁玲的解读字里行间洋溢着一种探索女性力量、更好人性特征的激情,洋溢着对更加公平、公正社会秩序的向往。以此为情感基点,丁玲被颜海平解读为在生命和文学创作中不断发掘(女)人之无穷的能动性,一个强烈要求改革(革命)的现代中国女作家。正是在这个意义上,颜海平视丁玲为中国最杰出的现代革命女作家,尊重和敬仰成为颜海平之丁玲解读中异常显著的情感基调。因为她不仅仅把丁玲作为作家来解读,更敬仰丁玲人生与文学表达中所呈现的某种精神气质以及其中蕴藏着的革命与解放意义。

刘禾、周蕾、刘剑梅、李海燕这些研究者各有其研究主题,她们都是在各自主题化的文化研究中涉及丁玲。相比白露与颜海平对丁玲"浓墨重彩"之阐释,丁玲只是她们研究中援引的一个"分析案例"。

刘禾在专著《跨语际实践——文学、民族文化和被译介的现代性(中国,1900—1937)》一书中聚焦于中国现代文学如何再现并形塑、建构了中国的现代经验。不同于文学被建构的传统思想,而是强调文学写作的历史能动作用。刘禾分析了丁玲小说《莎菲女士的日记》中日记体第一人称的叙事形式与五四时期女性主体的形成之间存在的复杂密切关联。刘禾将《我在霞村的时候》和萧红的《生死场》并列比较分析,来解读女性抗战写作与现代民族国家话语的复杂矛盾关系。

周蕾在《妇女和中国现代性:东西方的阅读政治》(*Woman and Chinese Modernity: The Politics of Reading between West and East*,1991)中混合运用女性主义、精神分析、后殖民主义等多种理论,在文本细读的基础上分析了女性和中国现代性问题。周蕾关注的是我们观察和理解女性的立场与方法,借此瓦解西方理论的霸权地位和中国传统中塑造女性形象的方式。

刘剑梅在《革命加恋爱:文学史、女性身体与主题重复》(*Revolution Plus Love: Literary History, Women's Bodies and Thematic Repetition in Twentieth Century Chinese Literature*)一书中对中国20世纪30年代初期出现的"革命与情爱"写作模式进行了深刻探讨,丁玲的《韦护》《一九三○年春上海》(上、下)成为刘剑梅的分析案例。

李海燕在著作《心的革命》中阐释了中国现代文学中所再现的"情感"范畴,把情感放置于中国近现代以来种种社会议题(革命、浪漫主义、身份认同等等)中进行分析。李海燕认为丁玲在《一九三○年春上海(之一)》将个人主义的爱欲视为一种放纵的破坏性力量,与进步的群体社会实践相左。

美国的丁玲研究者自布乔治开始,意识到丁玲的成长过程中其母亲发挥的重要作用。2001年丁淑芳出版著作《丁玲和她的母亲:文化心理学研究》(*Ding Ling and Her Mother: A Cultural Psychological Study*)。丁淑芳运用西方心理学理论和视角,解读丁玲和她的母亲紧密相连的生命旅程。这本丁玲专著表现的研究焦点与理论别具一格。

20 世纪 90 年代以来,中国大陆出国留学热浪高涨,美国、英国、加拿大等英语国家往往成为中国留学生的首选国家。其中不少留学生在美国攻读中国现代文学相关的博士学位,在大量的博士论文中出现了丁玲的相关论述。童鲁定的博士论文《写作与转化:在中国现代女性小说中寻找女性主体性》(*Writing and Transformation In Search of Female Subjectivity in Modern Chinese Women's Fiction*),研究了中国 20 世纪丁玲、张爱玲和王安忆三位女作家写作与女性主体意识建构的关系。冯进的博士论文《从"女学生"到"女革命家":中国五四小说中游历的女性代表》(*From "Girl Student" to "Woman Revolutionary": The Representation of the Deracinated Woman in Chinese Fiction of the May Fourth Era*)探讨了丁玲本人以及丁玲和郁达夫、巴金、茅盾等作家笔下的中国五四时期女学生和女革命家的形象,以研究文学叙事与自我意识、性别之间的复杂关联。

这些论文相对集中地表现了比较文学的学科意识和明显的女性主义、跨学科视角。它们的研究主题、研究路径、理论资源和价值判断都显示了对前辈学者,尤其是第三代研究者的继承和传承。所以这些论文目前仍处于第三代丁玲研究者的研究谱系。但是我们有理由、有信心相信这些新兴的丁玲研究者具有无限潜力和创新能力。

四、本 章 小 结

丁玲是 20 世纪中国历史舞台上的风云人物,其命运大起大落,跌宕起伏;其文学叙事也如同其命运,创作主题、表现手法与作品的社会影响同样反差巨大。丁玲的命运和作品总能引发巨大的社会争议和关注。与20世纪中国其他历史风云人物相比,丁玲身上同时具备的女性、作家和革命者三重身份更能引发人们对她人生历程与文学叙事的某种值得回味的兴趣与想象。丁玲已然成为传奇。

在美国密切关注丁玲的人士集中在两个职业群体。首先是新闻界。因为胡也频的牺牲,丁玲第一次接受了美国记者史沫特莱的采访。此后丁玲因为投身革命被捕,后奔赴革命根据地延安,这些"惊天动地"的事件更让丁玲成为左翼美国记者关注的焦点。丁玲成了西方记者争相采访的对象。事实上,只要有外国记者造访延安,丁玲就会在党组织的安排下接受采访。丁玲成为向西方宣传中国共产党和中国革命的作家和文化代言人。新中国成立后的丁玲作为著名作家和高级文化干部也活跃于同西方的文化文学交流中。1978年丁玲复出文坛,自然再次成为西方记者争相采访的对象。对包括美国在内的西方人士来说,丁玲是个谜,这引起他们的好奇心。但他们不能理解丁玲的言论和人生选择,这更悖论式地增加了他们的好奇心。

第二个群体便是美国学界中的中国研究学术界。他们在新闻界对丁玲采访报道的基础上对丁玲的文学叙事和命运进行了学理和学术思考、阐释。这样的学术兴趣一直持续至今,可见美国学界对丁玲的关注与思考从未停歇。为什么研究丁玲,怎么研究丁玲是每个研究者都在不断回应的问题。因为不同的价值取向、不同的理论框架和不同的历史文化语境,不同的研究者,尤其是不同代际的研究者在研究中建构各自的丁玲形象,讲述了各有特色的丁玲故事。这些研究者通过丁玲表达了各自对中国20世纪历史、文学、革命、民族、阶级和性别等诸多社会问题的判断和认知。可以肯定的是,美国的丁玲研究不会停歇。因为仍有一代又一代的学者在关注、思考全球范围内的各种文学和社会问题,意蕴复杂的丁玲自然会成为他们的学术研究对象和学术资源。这也证实了已经成为历史人物的丁玲仍存在着某种价值，仍是一种值得挖掘、值得阐释、值得借鉴的重要文化、文学和精神资源。

　　从宏观角度来说，丁玲其人其作品在美国的传播、研究与影响不仅是一种单纯的文学文化现象，同时也是一种社会现象。这种跨国别、跨文化的交流与传播深深受到了现代以来国际社会政治、历史、文化、文学等各种思潮与运动的影响。尤其是中美两国当下的政治、文化文学政策和两国关系直接构成了美国丁玲研究的现实环境。美国的丁玲研究的具体状况自然也折射出中美两国的关系和各自的政治、文化文学政策。二者互为镜像。

第二章 丁玲女性情爱书写

20世纪中国五四时期的时代主题是"人的发现",这衍生出另一个时代主题"恋爱自由"。长期处于封建礼教和包办婚姻压制下的中国人第一次拥有了自由恋爱的权利。此处的恋爱自由具有二重性,即情感和身体的双重吸引和行动。美国的研究者认为丁玲早期用大胆的文学写作回应了这个时代主题。

一、丁玲对新女性情爱的大胆书写

丁玲早期作品塑造了梦珂、莎菲、阿毛等诸多青年女性形象。这些青年女性往往被人称为"新女性"。梅仪慈概括了丁玲的叛逆"新女性"群像特征:开始觉醒,并勇于反抗传统社会结构和习俗。为了摆脱传统的社会结构和有效地违背习俗,这些女性往往远离家乡,漂泊在上海、北京、南京等大城市,并多半与传统大家庭(父亲的家)断绝来往或较少来往。这些新女性没有传统名字,取而代之的是莎菲、伊萨、丽娜等欧化名字或是譬如野草这类不符合中国传统起名习惯的诗意名字。她们过着贫困生活,住在租赁来的逼仄闷气的亭子间,生活来源没有保障,经常朝不保夕,生活自由但孤独无助。① 梅仪

---

① 梅仪慈.丁玲的小说[M].沈昭锵,严锵,译.厦门:厦门大学出版社,1992:48.

慈、颜海平、白露等研究者都认为丁玲早期作品中的女性人物表现出一种明显的无政府主义和个人主义的倾向。

（一）情爱书写的热烈与大胆

在丁玲诸多新女性的特征中，最引人注目的便是这些新女性自由的情与爱。丁玲在描写这些新女性的情欲时"空前大胆与坦率"（梅仪慈语），十分引人注目，具有社会轰动效应。丁玲早期的女性形象表现了女性的性权利问题。女性应该和男性一样拥有自身身体的所有权和控制权。整体而言，中国传统文化"以性为丑"，女性的性爱欲求（也可称女性身体或情爱）较之男性，更是一个既触目又被认为隐晦的问题，因此出现了许多专门为女性设置的性禁忌。换而言之，女性性欲在传统中国文化中是一种道德禁忌。五四时期"人的发现"的时代主题导致中国女性长期被遮蔽的性欲也得到某种意义上的承认，开始浮现在社会文化水面和地表。女性性欲和女性的性自主被赋予了积极正面的意义，成为构建中国社会现代化、中国现代性和女性主体性的重要内容和指标。

梅仪慈、白露、刘剑梅等研究者认为丁玲的女性情爱书写具有历史创新性。丁玲以前的女作家，譬如石评梅、庐隐虽然写五四时期青年男女两性之间的现代爱情，但其爱情书写止步于精神层面，没有在作品中正面涉及女性的性及其相关权利。同样写女性和女性的爱情，这些女作家从不正面谈及女性的身体、欲望、情爱以及性苦闷等。相比之下，丁玲的梦珂、莎菲、阿毛等诸多女性都大胆、坦率地明确呈现其欲求和情爱。女性情爱书写成为丁玲重要的文学叙事内容，自然也是丁玲研究中不可缺少，亦不可回避的研究内容。美国学界的丁玲研究亦然如此，所有的研究者都达成了一种共识，即丁玲的女性情爱书写热烈、大胆。不同的是，对于这一共识，不同的研究者存在不同的情绪、不同的评价和不同的观点。不同代际、不同性别的研究者从各自的道德观、性别观、爱情观和文学观对丁玲的女性情爱书写作出了差异甚大且异常丰富的解读，成为美国丁玲研究的一道绚丽繁复的风景。从夏志清的负面和激烈的批判到后来的梅仪慈、白露、刘禾、刘剑梅的盛赞，丁玲的情爱书写在美国的阐释呈现出一个历史变迁的过程。

（二）情爱书写中的生活与虚构

相对于对鲁迅、张爱玲、钱锺书等专人专章的研究和评论篇幅来说，夏志清在《中国现代小说史》中对丁玲的研究和评价可谓非常简短。但是就在这非常简短的分析中，夏志清多次论及丁玲本人的私生活和情爱书写。

夏志清把丁玲的创作分为两个阶段。第一个阶段是 1926 年到 1929 年。夏志清认为这个时期中的丁玲与蒋光慈不一样，她写作态度坦诚，"是一个忠于自己的作家，而不是一个狂热的宣传家"，[①]丁玲创作手法和主题是"大胆地以女性观点及自传的手法来探索生命的意义"。[②] 夏志清明确指出《梦珂》《莎菲女士的日记》等小说"都流露着一个生活在罪恶都市中的热情女郎的性苦闷与无可奈何的烦躁"。[③] 夏志清正面评价这段时期丁玲小说的艺术感染力，因为她"把她的怨恨和绝望的情绪都发泄出来"。[④]

虽然夏志清认可丁玲早期创作，但他判断丁玲的声誉、文名[⑤]和小说深受读者欢迎的原因是写"性"，是因为"这些小说对性比较开放"，[⑥]这也是丁玲比同时期的女作家冰心、凌叔华更受欢迎的缘由。如果说夏志清的这个判断符合最基本的事实，但夏志清只是观察到这样一个文学书写事实和一种公众阅读事实，他没有察

① 夏志清.中国现代小说史[M].刘绍铭，等译.上海：复旦大学出版社,2005：187.
② 夏志清.中国现代小说史[M].刘绍铭，等译.上海：复旦大学出版社,2005：187.
③ 夏志清.中国现代小说史[M].刘绍铭，等译.上海：复旦大学出版社,2005：187.
④ 夏志清.中国现代小说史[M].刘绍铭，等译.上海：复旦大学出版社,2005：187.
⑤ 夏志清在《中国现代小说史》的评论中把丁玲早期的声誉和文名称为"艳名"。
⑥ 夏志清.中国现代小说史[M].刘绍铭，等译.上海：复旦大学出版社,2005：191.

觉,更没有挖掘丁玲的"女性性爱"书写所呈现、所潜藏着的革命性
与时代意义,这着实令人感到遗憾。对于丁玲笔下出现的大量的
女性形象,夏志清只是简单一笔带过,承认丁玲是一个热心肠的女
人,而且对女人有着特别的热心。这种简单阐释可以被解释,因为
夏志清学术研究的理论资源中没有女性主义理论,自然他无力对
丁玲笔下的大量女性的生命形态与遭遇进行有效、有力的学术
阐释。

　　需要特别提出的是,夏志清似乎对丁玲的私生活给予了特别
的关注。在短短的论述中,夏志清屡屡提到丁玲以及丁玲朋友王
剑虹的恋爱同居之事。夏志清把丁玲、胡也频称为"同居夫妻"。①

　　夏志清的这些观点遭到了其他学者的激烈抨击。1961 年捷
克汉学家普实克在《通报》发表《中国现代文学史的根本问题——
评夏志清的〈中国现代小说史〉》中,激烈指责夏志清在论及包括丁
玲在内的左翼作家时,"显然怀着恶毒的敌意";②尤其是对丁玲生
活和性格的评论丧失了对普通人起码的尊重。普实克认为对丁玲
的政治观点和作品的分析具有分歧和不同见解是很自然的事情,
"但对于夏志清谈及丁玲的生活与性格的方法,我们却不得不表示
抗议。在描写到这位女作家的私生活时,夏志清只是一味地重复
道听途说的谣言,而且用了最低级的词语,读来令人心生厌恶"。③

　　夏志清随后也在《通报》发表《论对中国现代文学的"科学"研
究——答普实克教授》。双方你来我往,可谓"短兵相接"。这场有
名的争论被学术史称为"夏普之争"。丁玲是论战双方的重要对
象。在论战中,夏志清承认自己对丁玲评价"有失公允",有失公允
之处在于他没有充分把握住丁玲的创作特色。但是对于丁玲私生

---

① 夏志清.中国现代小说史[M].刘绍铭,等译.上海:复旦大学出版社,2005:196.
② 普实克.中国现代文学史的根本问题——评夏志清《中国现代小说史》//李欧梵.抒
　　情与史诗:现代中国文学论集[G].上海:上海三联书店,2010:195.
③ 普实克.中国现代文学史的根本问题——评夏志清《中国现代小说史》//李欧梵.抒
　　情与史诗:现代中国文学论集[G].上海:上海三联书店,2010:194.

活的评论,夏志清拒绝修正意见,也拒绝道歉。他说:"作为一个将自己的生命当作一场自由实验的现代女性,丁玲肯定不会在意我对她的爱情生活的些许评价。"①夏志清似乎很期待现代女性丁玲对他的保守道德主义进行宽容和理解,并把矛盾的起源和焦点转而推向了政治。

梅仪慈指出丁玲身为女作家写"性"所面临的特别的文学创作风险。她认为丁玲研究从一开始便出现了一种"熟悉的模式",即"就是往往对于一个女作家的评判重点不在她的作品,而在她的为人,她的个人道德品质,或者说得更清楚一些,她的男女关系"。②并且女作家书写的人物情欲往往被评论者等同于女作家自身的真实经历。梅仪慈含蓄地指出夏志清就是这种模式的始作俑者。幸运的是,在夏志清之后,美国再也没有批评家对丁玲的女性欲望与情爱书写进行负面的消极评价。

(三) 情爱书写中的性爱与革命

夏济安的研究焦点是左翼文学,因此他没有关注丁玲的早期创作,而是直接从《一九三〇年春上海》(之一和之二)开始研究丁玲,并提出了"性爱与革命统一论"。

虽然夏济安的研究重点是丁玲在作品中如何表现知识分子与群众运动的关系,但他同时观察到《一九三〇年春上海》(之一和之二)中有很多热烈的性爱描写。夏济安明显不同于夏志清。首先他对丁玲在这些作品中热烈的大胆的性爱书写没有表现出夏志清式的大惊小怪,更没有丝毫的批判意味。相反,夏济安认为当时的自由恋爱和爱情的主要表现内容之一便是性爱,他理解、认可当时刚刚从传统旧式婚姻中解放出来的中国青年对性爱的炽热。在具体分析丁玲的丈夫胡也频时,夏济安不同于主流研究中"革命打压

---

① 夏志清.中国现代小说史[M].刘绍铭,等译.上海:复旦大学出版社,2005:332.
② 梅仪慈.丁玲的小说[M].沈昭锦,严锋,译.厦门:厦门大学出版社,1992:53.

了爱情与性爱"之观点,他认为胡也频的人生历程体现了情爱与革命具有某种意义上的同一性。夏济安诧异胡也频虽然生活历经痛苦与艰辛,但仍能坚持文学艺术创作,通过诗歌和小说来"来升华自己的经历和情感",认为"许多热情洋溢的革命家在初期都是热情洋溢的情侣,性爱方面的激情,确实可以扩大至革命的激情"。① 夏济安认为这是一个非常值得研究的命题,他这个观点对后来的西方中国现代文学研究、丁玲研究产生了重大影响。后起的学者刘剑梅、王斑等在各自的研究中都高度应和了夏济安的这个观点。

(四) 情爱书写中的叛逆与独立

布乔治以"爱情"之名来概括丁玲的女性情爱书写。布乔治考察丁玲的写作动力,分析了"爱情"成为丁玲早期写作中最主要的创作主题的原因。

布乔治认为丁玲笔下的叛逆女性都会面对孤独和伤感等新问题,所以丁玲的早期文学作品是她发泄其内心苦闷和挫折的工具,是丁玲实现其梦想和寻找叛逆女性的独立人生道路的手段。丁玲早期小说的基本主题是摆脱、叛逆了"父亲之家"之新女性的独立生存问题。丁玲早期小说中的女性大多已经拥有五四时期青年一代追求的个人自由。在诸多具体的个人自由中,最重要的内容便是女性独立生活在"父亲的家"之外,且拒绝传统社会的由家长做主的包办婚姻,享有现代自由恋爱、自主选择配偶的权利。但是布乔治以为像丁玲笔下这样的叛逆女性的独立生存会给这些女性"带来一些新的、更复杂的、看起来难以解决的问题"。② 丁玲的早期小说集中表现了叛逆的青年女性在独立生存时必然需要面对的

① 夏济安.黑暗的闸门:中国左翼文学运动研究[M].万芷均,陈琦,裴凡慧,等译.香港:香港中文大学出版社,2016:164.
② 加里·约翰·布乔治.丁玲的早期生活与文学创作(一九二七—一九四二)//孙瑞珍,王中忱.丁玲研究在国外[G].长沙:湖南人民出版社,1985:105.

一个重要问题就是她们事先没有预料到的"感伤和孤独"。布乔治的这个论断把丁玲与其同时期的庐隐、石评梅等女作家区别开来。因为当这些女作家的笔触还在呼吁女性对传统社会秩序进行抗争和叛逆时,丁玲已经在文学中关注抗争、叛逆了传统社会秩序与文化的新女性所面临着的新问题。

布乔治在研究中提出了一个关键问题:走出父亲或丈夫的"家"的新女性试图独立生存时所面临的最关键的问题到底是什么? 在阐释这个问题时,布乔治把鲁迅和丁玲的探索与思考进行了对比。在布乔治的阐释中,鲁迅认为经济(金钱)是女性独立生存的关键。而丁玲虽然承认贫穷(经济问题)对女性独立生存造成了巨大压力,但经济压力在丁玲新女性的独立生活中没有成为最关键的因素。丁玲更重视新女性的极端"孤独、感伤"之精神状态。的确,当后来的人们欣赏、赞扬 20 世纪二三十年代中国那些新女性勇敢的叛逆行为时,往往会忽略、忘记这些勇敢的女性先觉者、先行者所承受的来自各个方面的巨大压力以及由此而产生的彷徨、紧张、孤独的心理和精神处境。所以布乔治认为丁玲早期小说更集中表现青年女性"感伤和孤独"之情绪以及她们面对这些感伤和孤独时的挣扎和撕裂。

正是因为孤独和感伤,布乔治认为这些叛逆女性非常向往友谊和爱情。布乔治围绕自己提炼的这个主题,阐释了丁玲笔下新女性克服伤感和孤独的具体路径。首先,叛离了所谓原生家庭的女性不断"寻求与其他人的友好关系",即寻找能够完全懂得、理解她们行为的朋友,希望得到支持和信赖。这反映了这些新女性因为叛逆传统而承受的巨大压力,所有"女主人公都在寻求真诚和真正了解的关系来结束她们的孤独"。① 其中最典型的莫过于莎菲

---

① 白露.三八节有感和丁玲的女权主义在她文学作品中的表现.熊文华,译.丁玲的早期生活与文学创作(一九二七——一九四二)//孙瑞珍,王中忱.丁玲研究在国外[G].长沙:湖南人民出版社,1985:110.

的表现。在小说中莎菲似乎和其血亲之间没有任何经济和情感上的联系,她在寻找"全了解她的朋友,希望找到支持她和相信她的人"。① 莎菲经常自言自语,"我总愿意有那末一个人能了解的我清清楚楚"。② 布乔治指出这句话在丁玲研究中经常被引用。可见莎菲对友情和理解强烈的,甚至是病态的需求。莎菲最初找到了这样的朋友,即蕴姐,莎菲非常依恋、信任"蕴姐",二人之间有着异常深厚的情感。可惜蕴姐因为不幸的爱情和婚姻而早逝。在这以后,即便莎菲身边还有不少关心她的朋友和追求她的爱慕者,莎菲仍然陷入了巨大的孤独。在布乔治看来,莎菲对爱情的需求是对蕴姐这样的友人的一种补充。总之,丁玲笔下的女主人公们为了减轻独立生活带来的孤独、悲伤,常常不由自主地"陷入爱情和婚姻的幻想中"。③

当然,布乔治不同于夏志清,他意识到并挖掘了丁玲的性爱书写所具有革命性。因为对于那些从封建家庭叛逆出来的年轻人来说,追求现代意义上的爱情不仅是摆脱孤独的手段,同时也是一种革命行为。"自由恋爱"对青年们具有不可抵挡的魅力和诱惑,因为"对于刚刚得到恋爱自由和自择配偶的青年们,爱情是一个迷人的角落"。④ 这些年轻的叛逆女性刚刚逃离了封建家长制,得到恋爱婚姻自由。爱情的确具有不可抗拒的魅力,沉溺于其中是情有可原的。

相比于夏志清对丁玲写"性"的高度关注,布乔治甚至没有具体论及丁玲的性爱书写。也许对于布乔治来说,刚刚得到自由恋

① 白露.三八节有感和丁玲的女权主义在她文学作品中的表现.熊文华,译.丁玲的早期生活与文学创作(一九二七——一九四二)//孙瑞珍,王中忱.丁玲研究在国外[G].长沙:湖南人民出版社,1985:110.

② 丁玲.丁玲全集[M].张炯主编,石家庄:河北人民出版社,2001.

③ 加里·约翰·布乔治.丁玲的早期生活与文学创作(一九二七——一九四二)//孙瑞珍,王中忱.丁玲研究在国外[G].长沙:湖南人民出版社,1985:111.

④ 加里·约翰·布乔治.丁玲的早期生活与文学创作(一九二七——一九四二)//孙瑞珍,王中忱.丁玲研究在国外[G].长沙:湖南人民出版社,1985:111.

爱权利中的男女之间的热烈性爱是一件非常平常、自然的事情。

(五) 情爱书写中女性欲望的意义

梅仪慈认为"爱情与情欲"是五四文学的重要内容并引发了社会的激烈争论,丁玲正"因在描写女子情欲上表现得空前大胆与坦率,使丁玲在她的同代作家中显得十分突出"。①

梅仪慈认为丁玲的情爱书写具有女性性别的意义。丁玲笔下的女性不同于旧小说中的女性形象。因为历史上女作家人数非常稀少,旧小说中的女性形象基本都是男作家塑造的。这些女性形象往往是男性的女性想象在文学领域的具体呈现,这导致这些女性人物形象的塑造遵循男性作者和男性读者的想象和需求,而非体现了女性(作者、读者)对女性的想象与要求,因此不具备"独立之人格"。在传统文学中,女性和女性的身体从来就是被男人写,被男性看,女性读者看到的也是男性眼中和想象中的女性。

丁玲的女性情爱书写可谓开历史风气之先河,开创了中国文学史上女性写女性情欲的文学新传统。作为一个女性作家,丁玲塑造了现代中国崭新的女性形象,或者说塑造了中国的现代女性形象。这些中国现代女性,与男性一样有着正常的身体欲望,并且在日常生活中将这种性欲目标明确化、具体化。这是中国文学史中第一次出现表现女性对男性坦率而强烈的欲望的书写。在《莎菲女士的日记》中,通过莎菲的眼睛,丁玲带领读者,尤其是女性读者第一次光明正大地凝视一个青年男性(凌吉士)的身体。他的高高的身材、白净的脸庞、柔软的头发以及鲜红的嘴唇,莎菲把凌吉士"什么细小的地方都审视遍了"。丁玲对这个男性身体的描写可谓精雕细琢,在文章中屡屡出现,因而具有强烈的冲击性。丁玲实现了中国文学史上第一次女人(女作家和女读者)对一个青年男性

---

① 梅仪慈.丁玲的小说[M].沈昭铸,严锷,译.厦门:厦门大学出版社,1992:53.

身体的观看，打破了女性只能"被看"的历史传统，同时鲜明地表现出女性对凌吉士（男性）主动的性欲（女性的性自主性），莎菲"觉得都有嘴唇放上去的需要"。

梅仪慈升华了丁玲的女性情爱书写之意义。梅仪慈认为丁玲的女性情爱书写具有其独特性，"她时常将性解放主义同妇女个人的自我探索结合起来"。① 在五四时期，意味着平等、独立、自主的现代爱情与情爱是时代潮流。很多作家，尤其是男作家都围绕这个时代主题进行了大量创作。丁玲不仅实现了女性大胆写女性之大胆性欲，更为重要的是丁玲在写作中把女性性欲与现代女性的主体性建构、独立人格生成以及女性生命意义等形而上学的主题关联在一起，这使得丁玲的情爱书写没有陷于纯粹的生理层面，没有低俗之感，反而具有一种鲜明的超越性和形而上之意味。

丁玲的女性情爱书写创造了巨大的文学辐射和社会影响。梅仪慈借用毅真评价丁玲的话语"在这死寂的文坛上抛下一颗炸弹一样"来形容丁玲早期作品当时所引发的巨大社会影响力。梅仪慈认为丁玲的女性情爱书写丰富了现代中国文学的表现内容。《梦珂》《莎菲女士的日记》《阿毛姑娘》等作品"那种新的坦率作风，敢于揭露自身的弱点、情欲、丑闻或丢脸的往事的大胆行为大大推进了中国小说创作中人物的塑造和体裁选择的范围的扩大"。② 梅仪慈相信丁玲早期写作有效地扩展了中国文学的写作范围。丁玲早期大量的情爱书写源于"个人的孤独与痛苦"，③这导致其写作重点是"个人的寂寞心灵"，也同时决定了丁玲当时的写作是一种主观性的表达。丁玲的这种写作记录了五四时期一代青年女性的情感状态。这种主观性写作的精神实质在《莎菲女士的日记》中

① 梅仪慈.丁玲的小说[M].沈昭锵，严锉，译.厦门：厦门大学出版社,1992：45.
② 梅仪慈.丁玲的小说[M].沈昭锵，严锉，译.厦门：厦门大学出版社,1992：51.
③ 梅仪慈.丁玲的小说[M].沈昭锵，严锉，译.厦门：厦门大学出版社,1992：67.

发展到了极点。① 梅仪慈认为中国文学中缺少以青年,特别是以青年女性为中心的自我表白式的作品。丁玲的写作填补中国文学上的创作空白,而且在丁玲之后,这种作品也基本消声匿迹了。"丁玲的早期作品似乎充满迷茫困惑,对了解自己个人的渴望,这恰好反映了年轻人初次涉足社会时的心理状态。这些小说都带着青年作家创作的鲜明标志,因而也就具有了五四早期文学的特色。"②因为丁玲出色地揭示了青年女性的精神与心理,梅仪慈认为丁玲早期作品风格独树一帜,同时代的女作家都比不上丁玲的影响力。梅仪慈指出 20 世纪 20 年代的评论家非常关注"丁玲那种对妇女生活与心理所作的空前大胆的揭露",③这极大提高了丁玲的名气。

梅仪慈多次论及丁玲因情爱书写而招致的高度风险。梅仪慈非常欣赏丁玲的创作勇气,认为丁玲勇敢地探索了青年女性"广阔陌生的心理与道德领域"。④ 这个领域以前从未有作家,尤其是女作家涉猎过。梅仪慈锋利地指出丁玲确实因为梦珂、莎菲等女性人物获得了很大的名气,但是这个名气甚至可以被认为是"坏名声"。丁玲的创作勇气"对她早期的创作成就有过很大贡献,但也使她到后来成为众矢之的"。⑤

因此,梅仪慈强烈批判了丁玲研究中把作家丁玲与其作品中女性人物等同的评价现象。梅仪慈认为对作家丁玲的批评一开始便形成一种固定模式,即"就是往往对于一个女作家的评判重点不在她的作品,而在她的为人,她的个人道德品质,或者说得更清楚一些,她的男女关系。《我在霞村的时候》说成是美化在敌军当妓女的作品,很快便和传闻中一向没有得到证明的丁玲本人的道德

---

① 梅仪慈.丁玲的小说[M].沈昭锜,严锋,译.厦门:厦门大学出版社,1992:67.
② 梅仪慈.丁玲的小说[M].沈昭锜,严锋,译.厦门:厦门大学出版社,1992:67.
③ 梅仪慈.丁玲的小说[M].沈昭锜,严锋,译.厦门:厦门大学出版社,1992:37.
④ 梅仪慈.丁玲的小说[M].沈昭锜,严锋,译.厦门:厦门大学出版社,1992:59.
⑤ 梅仪慈.丁玲的小说[M].沈昭锜,严锋,译.厦门:厦门大学出版社,1992:59.

行为联系起来。……通过小说人物推断作者性格上的老习惯转而被用到评论男女关系上来，在这个问题上，妇女往往是最易招致抨击的，因为对她们有着比对男人更严厉的评议标准，因此，她们受到的指责便更为苛刻了"。①

梅仪慈指出女性情爱书写使得丁玲终生都承担着非常可怕的后果。早年丁玲被人称为"不道德"，1957 年又因早期的情爱书写而遭受抨击。这个抨击相当粗暴、恶毒，把人物和丁玲本人的私生活混为一谈，制造了关于丁玲的大量谣言。梅仪慈对此非常愤慨，认为这种抨击"不承认生活与艺术之间存在差别的这一事实，这本来就很幼稚和粗暴，更有甚者，它还指出作为一个女作家所特别担负的风险"。②

（六）情爱书写中的优生学价值

白露挖掘丁玲的女性情爱书写的社会合法性。白露把五四时期人们获得的自由恋爱的权利改写为人们获得了自由选择性伴侣的权利，凸显了"性"在男女两性关系中的重要性。丁玲在其文学叙事中呈现了中国女性第一次拥有性选择的权利和自由。白露认为丁玲的这种书写表征着现代中国社会的进步与革命，是中国特殊现代性的具体呈现。

白露对 20 世纪初中国社会的性观念和认知进行了详细的梳理与分析，对"现代性爱"进行了大量历史学研究，她详细考察、分析、比较了古今中外的相关论述与成果，批判了前人观点的荒谬之处，汲取、借鉴了前人论述的合理之处；在此基础上，创造了白露风格的"性"之观点。这为丁玲女性情爱书写阐释奠定了价值观以及阐释逻辑的前提和基础。

在白露的理论和学术视域中，"性"不是一件小事，更不仅仅只

① 梅仪慈.丁玲的小说[M].沈昭锵，严锛，译.厦门：厦门大学出版社,1992：180.
② 梅仪慈.丁玲的小说[M].沈昭锵，严锛，译.厦门：厦门大学出版社,1992：59.

是男女之间的私人之事（私情），"性"的具体状况是社会发展、进步的表征。男女两性，尤其是女性能否拥有选择性对象的自由与权利，在性爱中的双方能否处于自愿和平等的地位，这关系到双方能否获得性愉悦。种种证据表明：在性愉悦中完成的人类繁殖有利于改善后代生命的质量，具有优生学的意义。所以自由恋爱和婚姻自由在这个意义上具有社会、民族、国家和人类的意义。"自由恋爱"给中国现代社会和中国现代女性带来革命意义，成为中国社会现代性的重要表征与呈现，"自由恋爱"成为中国现代新女性的最重要、最典型的行为特征。"自由恋爱"让新女性获得了选择性伴侣的自由，具有优生学的意义和价值，这使得新女性追求"自由恋爱"的行为不仅具有女性自身解放的意义，同时具备了社会、民族和国家的现实和长远意义，与改善中华民族素质的宏大时代命题结合在一起。在这个意义上，女性追求自由恋爱的权利与社会、国家、民族利益是高度统一的。在白露看来，"性"在现代社会成为一个地区、国家、时代现代性或者说现代化进程的象征，并且具有了女性主义的意义和价值。传统女性被认为是没有性欲的、在性活动中处于被支配的"他者"，没有独立的人格，有着天生的致命的缺陷。现代的"性"理论则发生了针锋相对的颠覆性的改变。从女性主义维度出发，"性"对女性来说不仅仅是男女私情，也不仅仅是生理问题，而与中国现代女性的人格问题紧密相连，而丁玲的情爱书写正是用文学表述、探讨了这个观点。

总之，除了夏志清对丁玲女性情爱书写表示了某种程度上的不解与不屑外，后来的研究者尤其是女性研究者，包括刘禾、周蕾、刘剑梅等西方学者都尽力挖掘丁玲情爱书写的正面的先锋意义，将丁玲的情爱书写与社会进步、民族强大以及女性主体性建构关联在了一起，认为这些写作表现了现代中国的先锋性与革命性。刘剑梅在其著作中关注的主题是女性与革命，所以她并没有详细阐释丁玲的女性性爱书写，但是刘剑梅在论述丁玲笔下献身革命的女性时,首先便高度评价了丁玲的女性身体与情爱书写在现代中国的先锋性与革命性。在丁玲以前,石评梅、庐隐都从来没有在作品中正面涉及这个主题,女作家虽然写女性,写女性的爱情,但从不正面谈及女性的身体、欲望、情爱以及性苦闷等。相比之下,丁玲的梦珂、莎菲、阿毛等诸多女性都大胆、坦率地呈现其欲求和情爱。刘剑梅也认为丁玲在五四运动之后能够如此敏锐地意识到女性自己的身体欲望核心本质是意味深长的。这说明丁玲的女性情爱书写不曾堕落,而是表现现代中国女性主体性的先锋。正如白露所言:"性欲确实为莎菲提供了动机。尽管如此,这是纯洁的性欲。说它纯洁,是因为莎菲拒绝其情人的理由是她根本不知道真正的爱情是什么。真正的爱情可能是充满情欲的,但它是进步的。不管怎样,即使莎菲有些不清楚,丁玲确是了解它的。因此,丁玲避免了深陷泥潭,即使在她大胆描写女主人公性爱感情时,也从未堕落。"[①]

二、丁玲新女性情爱书写中的
救赎与超越

学术界和人们往往认为丁玲笔下的女性是所谓"完全崭新"的女性。这种认知其实具有某种程度的本质主义之嫌,因为所有新的事物和人物都是从旧的事物和旧的人物发展而来的,必然留有旧的痕迹。在这个意义上,不存在所谓"完全崭新"的人或事物。美国的研究者察觉到丁玲笔下的新女性并非是"完全崭新"的新女性,她们身上必然带有传统的因素,在一定程度上仍被中国传统礼

---

① Tani E. Barlow. *The Question of Women in Chinese Feminism* [M]. Inderpal Grewal, Caren Kaplan and Robyn Wiegman, ed. Durham: Duke University Press, 2004: 250.

教、传统文化所束缚、所制约。这些"新旧相交"的女性会面临其特有的人生问题、困惑和风险。这是对新女性的挑战，同时也在一定意义上激发她们的创造力。

（一）新女性的新尴尬

梅仪慈认为丁玲早期的女性如梦珂、莎菲等都是"半解放"的女性，是处于过渡阶段的女性。以莎菲为典型的青年女性们身处20世纪20年代至30年代，她们深受"五四时期"社会影响，接受了自由恋爱的观念，具有"新"特点，但与此同时，莎菲们仍然受到传统礼教的压抑与束缚。这种压抑与束缚表现在两个维度。第一，在丁玲的作品中随处可见传统社会对新女性的排斥、嘲讽和贬斥。梅仪慈就特别提到，在《暑假中》的承淑和志清等新女性成为自谋职业的独立生存的女教师。尽管承淑和志清她们在学校所在的小镇上已经工作了几年，但是仍然是人群中的异类。只要她们一上街，她们的短发和浅色衣服便引来"全街的眼光"。她们的新式活动会导致流言蜚语和不少白眼。第二，承淑和志清这些"新女性"自身也并不是彻底的"新"，其精神上多少还残存着一些传统礼教和禁锢，或者说传统礼教在某种程度上仍内化于新女性自身，需要她们继续清除旧观念的束缚，而且这恐怕是一个永无止境的过程。

梅仪慈指出丁玲笔下的新女性在追求自由恋爱的行为和过程中充满矛盾，莎菲的性观念所表现出的鲜明的矛盾心理具有典型意义。在梅仪慈对《莎菲女士的日记》的细读中，莎菲在日记中意识到，并宣泄了自己对凌吉士的强烈情欲，向往与其"肉体融化的快乐"，[①]但是她不敢毫不节制地放纵。莎菲不敢主动去找凌吉士，因为她深知当时社会对女性的要求，知道"一个女人这样放肆，是不会得到好结果的"。[②] 尤其到了夜深人静时，莎菲深陷自责，

---

① 丁玲.丁玲全集[M].张炯主编.石家庄：河北人民出版社.2001：54.
② 丁玲.丁玲全集[M].张炯主编.石家庄：河北人民出版社.2001：49.

懊悔白天被凌吉士挑起的情欲和自己对凌吉士的挑逗，认为自己白天的行为是极其荒诞的，是中国传统文化中"一个正经女人所做不出来的"。① 因为传统礼教社会不容许个人，尤其是女性个体产生并赤裸裸宣泄这样的性欲望。莎菲白天被情欲所控，晚上被传统礼教所困，因而处于一种极端紧张、孤独、感伤、烦躁的撕裂状态，在自己强烈的欲望和传统礼教的束缚中苦苦挣扎、深深痛苦。

在梅仪慈看来，莎菲的痛苦具有时代的典型意义，是现代中国五四后期这个特定历史时代的女性之痛苦。一方面，这些女性开始觉醒，不再是传统的驯服、软弱、受苦的女性形象，而是可以在恋爱关系中掌控局面的自信的有力量的女性形象。这是中国文学史上的新鲜女性形象。另一方面，丁玲的笔触没有停留在此，丁玲尊重了生活的必然复杂性，丁玲用文学叙事的辩证法让其新女性发现自己陷入了由使用自由恋爱权利而造成的传统道德困境。这意味着觉醒的梦珂、莎菲等新女性充分意识到自己的欲望，可同时也意识到自己这种想法和行为的"大逆不道"以及恐惧、害怕现实社会对这种欲望的无情压迫。在这个意义上，丁玲正好艺术化地批判了当时的社会秩序和传统文化力量对女性的压迫。

大多研究者抨击中国封建家长所掌控的包办婚姻，赞扬追求恋爱和婚姻自由的新青年、新女性。人们总是赞美"自由恋爱"的革命和解放意义，赞扬恋爱和婚姻自由是人性大解放，是对抗中国传统礼教的胜利，是中国现代性的具体呈现。而美国的研究者发现了丁玲文学叙事的异质性，即梦珂、莎菲等新女性追求自由恋爱，获得并践行了自由恋爱的权利，她们与男性共同享用了这份自由，但是自由恋爱带给新女性并不全然是益处。相反，热烈投身于自由恋爱中的新女性受到了不少伤害，女性在自由恋爱中的最后结果并不尽如人意。研究者在丁玲文学中发现了这个同时代作家

———————
① 丁玲.丁玲全集[M].张炯主编.石家庄：河北人民出版社.2001：50.

很少涉及的主题和特质。

布乔治第一个明确指出丁玲小说中"自由恋爱"不全然都是正面价值,丁玲在其早期的创作中大量表现了自由恋爱对新女性造成的伤害。布乔治进一步认为丁玲笔下的新女性对自由恋爱持有一种复杂态度。第一,这些新女性如莎菲向往、想象自由爱情的美好和幸福,能充分意识到自己的情欲,能感受到男性身体之美,在日常生活中能爱慕明确的男性目标,并把吸引男性的能力认知为女性自信力的重要来源。第二,新女性也意识到自己的种种情欲向往和追求是封建礼教所禁止的,她们或多或少都身负压力。第三,更重要的是,丁玲的新女性对所谓自由恋爱或者所谓的爱情本身充满戒备、警惕、焦虑和怀疑。清醒的丁玲让她们意识到自由恋爱可能从一开始便是一个骗局。在自由恋爱中,骗子太多了,有不少男性仅仅是以"自由恋爱"之名来玩弄女性,譬如梦珂的表兄之类的男性,而且"爱情也常常充满着危险"。① 因为恋爱中的激情易逝,恋人易变,热恋过后往往便是冷淡,始乱终弃。总之,自由恋爱往往不稳定,投入自由恋爱的女性往往沦为牺牲品。

布乔治指出,丁玲的新女性已经意识到罗曼蒂克的爱情充满了一种潜在的危险。自由恋爱、自由选择爱情和配偶甚至可能导致巨大的灾难。莎菲的好友蕴姐的悲剧便是极好的例证。蕴姐与一个脸色苍白的男人陷入热恋并结婚。可惜好景不长,很快这男人便冷淡她,蕴姐因此深受打击,很快病逝。但即便如此,这些新女性还是控制不了自己的冲动,总是情不自禁地陷入所谓"爱情"。莎菲对凌吉士的人品也有着深深的怀疑,她警惕着凌吉士的价值观迟早会给爱上他的自己造成极大的损害,但是莎菲仍幻想他们之间热烈的身体之爱。庆幸的是尚存一丝理智的莎菲在千方百计

---

① 白露.三八节有感和丁玲的女权主义在她文学作品中的表现.熊文华,译.丁玲的早期生活与文学创作(一九二七——一九四二)//孙瑞珍,王中忱.丁玲研究在国外[G].长沙:湖南人民出版社,1985:1.

获得凌吉士的吻之后来了个逃离。

布乔治认为丁玲常把女性幻想中的爱情和现实中的状态进行对比叙述,这种文学叙事方式无疑强化了新女性对爱情的质疑。在布乔治的解读中,《暑假中》的承淑和志清放假后便感到孤独,面对孤独她们便后悔自己选择的所谓新女性的独立生活方式,幻想如果没有选择这样的生活道路的幸福生活。承淑后悔当年没有与表哥结婚。而随后的描述中表兄实际上已经变成一个灰暗的中年人了,一个很差的父亲,一个酗酒、赌博的人。志清没有浪漫史可以回忆,便幻想爱情的欢乐和幸福来减轻孤独。所以志清的朋友写信来诉说爱情和婚姻中的困扰,恭维她的独身主义的时候,志清深感愤怒。

梅仪慈和白露从不同的角度应和布乔治的这个观点。梅仪慈认为丁玲也是最早对所谓爱情提出质疑的中国现代作家之一。丁玲早期文学中的女性情爱书写与众不同。一般作家沉溺于表现爱情、性爱的美好和热烈,而她更敏感于在爱情和性爱中男女之间不可避免的冲突以及女性内心的彷徨与矛盾。梅仪慈指出《一九三〇年春上海》(之一)中美琳与子彬自由恋爱,自由结婚。美琳因为最初爱读子彬的小说,崇拜他。因为爱情,两人同居在一起。可是美琳在婚姻生活中感到了不安和不满意。虽然美琳仍然深爱着子彬,她逐渐感到除了子彬,自己什么也没有了;而且子彬虽然温柔但是专制,"无形的处处在压制她"。美琳的经历说明自由恋爱权利的获得并非现代女性人生问题的终结。自由恋爱对于女性而言具有双重性,即爱情在给女性带来前所未有的安慰和快乐的同时,也带来了新的束缚和控制。

白露认为丁玲作品中表现出了对自由恋爱的批判和失望。她解读了文学评论界较少注意到的《小火轮上》《一个女人和一个男人》,认为这些作品对男性施加于女性的性虐进行了激烈批评。这些男性诱惑这些追求爱情、敢于选择他们作为自己性伴侣的新女性,随后又虐待她们。白露指出《梦珂》《庆云里的一间小屋》等作品反映了丁玲对自由婚姻以及男性的失望。丁玲作品里恋爱中的男女两性为了掌控亲密关系中的控制权而互相斗争。丁玲的很多女性生活在传统社会之外,可以自由恋爱。但是自由恋爱本身并非一件完美之事,自由恋爱会带来很多问题与麻烦,比如消磨人的意志,破坏原有生活平衡,容易陷入各种因为爱情所导致的"桃色纷争"。① 而且丁玲笔下的婚姻使女人堕落,为了金钱、名声的新式恋爱与旧式的包办婚姻、卖淫没有区别。新女性的确得到了恋爱自由的权利,但是这些女性面临着崭新的痛苦而不知所措,从而表现出夏志清所说的"虚无、颓废"之精神状态。

　　白露认为丁玲早期创作中的女性处于一种强烈的撕裂中,即女性在自身已经意识到的强烈的情欲、情感与意志、理性总是处于对立和对抗之中,这些女性尚不能处理好两者之间的平衡关系,因此陷入毁灭性的消沉与抑郁。伊萨、莎菲、梦珂、阿毛姑娘对各自的生活表现出强烈的需求,但是她们软弱的性格和意志导致她们无力实现其生活愿望,无力改变生存环境,她们因此深感挫折。这种情感上的挫败感更打击了她们原本软弱的意志和理性,因而进入一个恶性循环,让她们找不到继续生存下去的理由。作品从整体上呈现出一种强烈的虚无感。尽管丁玲、梅仪慈都否认沈从文关于丁玲多次阅读过《包法利夫人》的说法,白露仍坚持丁玲至少读过一次《包法利夫人》。白露把丁玲这些痛苦的女性与福楼拜的包法利夫人进行了对比,指出了丁玲可能是对《包法利夫人》进行了"深刻完美"的中国式再解读与再创作②。

　　总之,丁玲的新女性总是在情欲、自由爱情的美好想象以及残

---

① 白露.三八节有感和丁玲的女权主义在她文学作品中的表现.熊文华,译.丁玲的早期生活与文学创作(一九二七—一九四二)//孙瑞珍,王中忱.丁玲研究在国外[G].长沙:湖南人民出版社,1985:275.

② 白露认为丁玲极有可能向福楼拜借鉴一些叙事技巧,丁玲出色的叙事技巧在《太阳照在桑干河上》有着充分展现。

酷的现实、对爱情的深度怀疑之间撕扯着、分裂着和痛苦着。这些新女性几乎不能自持,这严重影响她们的日常生活和身体健康,导致她们进入一种"白天不能自制地亢奋恋爱,晚上自责得无法入眠"的不正常状态,她们因此一般都患有神经衰弱的病症。这些女性身处"黑暗中"。①

(二) 新女性的反省与搏斗

梅仪慈认为作者丁玲对其笔下的叛逆女性有着一种复杂的态度。丁玲既同情这些所谓新女性,谴责现实社会秩序针对她们的种种压迫;同时也批评这些叛逆女性深深被情感所控制,没有表现出自身意志和理性而陷入毁灭性的感伤和颓废。总之,"丁玲的初期的青年女性在激烈反抗、叛逆现实与传统的同时,她们面临着如何面对、正视自己的问题与挑战"。② 丁玲的早期女性与同时代的女作家如庐隐、冯沅君、冰心等创作的女性形象有着明显的不同。后者习惯于把女性塑造成一种完全的受害者形象,认为她们的悲惨命运是男性和传统文化造成的;丁玲在文学中认为作为性别整体的女性缺乏理性、感情脆弱,容易沉溺于情感。但是梅仪慈发现作为作者的丁玲本人对情爱中的新女性处于一种似乎无法调和的矛盾状态。丁玲既同情新女性,批判新女性恶劣的生存环境,肯定女性"受苦"和悲惨命运来自社会的压迫,同时又强调女性自身"有不攻自破的女性弱点"。③ 梅仪慈引用丁玲之话"我自己是女人,对于女人的弱点,比较明了一点。但是因此就引起了人们的误解,其实对于女人的弱点,我是非常憎恶的"④来进行例证。

白露无疑也应和了梅仪慈这个观点。白露认为丁玲的小说的

---

① 《在黑暗中》是丁玲的第一部小说集,收录了《梦珂》《莎菲女士的日记》《阿毛姑娘》《自杀日记》等作品。
② 梅仪慈.丁玲的小说[M].沈昭锵,严锵,译.厦门:厦门大学出版社,1992:55.
③ 梅仪慈.丁玲的小说[M].沈昭锵,严锵,译.厦门:厦门大学出版社,1992:55.
④ 梅仪慈.丁玲的小说[M].沈昭锵,严锵,译.厦门:厦门大学出版社,1992:55.

独特性在于丁玲对待女性的双重性态度,即丁玲既谴责了女性不稳定的主体性的社会原因,同时又批评女性自身的弱点,表现出社会结构与女性主体性之间的矛盾。白露赞扬丁玲早期小说出色地表现了自由恋爱中的男女之性爱。白露相信丁玲了解弗洛伊德的性爱理论,因为丁玲相信性欲是人类社会存在与进步的原动力以及性压抑会导致各种危害。问题是这些新女性应该如何处理好自己的性爱生活。白露指出丁玲早期作品呈现了"性爱主体和个人社会地位(即'女性'和'人格')的紧张关系。在丁玲写于 1927 年至 1934 年间(当时她二十多岁)的小说中表现得尤为强烈",①表现了获得独立自主生活权利的女性面对着新问题。即丁玲早期小说中新女性没有取得社会和情感上的地位,表现了"自由恋爱"中男女的权力之争。梦珂、莎菲、阿毛、伊萨(《自杀日记》)等新女性敏感,大胆而脆弱,有强烈的情感;但是性格和意志软弱,不能有效控制自己的情感和情绪,陷入充满自恋和自责的恶性循环。女性主体呈现了对男性目标的欲望,但是女性在这个欲望中是矛盾、犹豫、自怜又自责的。比如莎菲既折磨了被她视为欲望目标的男性,同时又折磨了自己。这些新女性深深不满社会环境,又不能找到切实可行、行之有效的办法来改变环境,缺乏行动的意志和毅力,非常容易受挫,在自恋和自责中失去活着的意义和动力,自杀的心态时常涌现。她们沉溺于这种消极情感中不能自拔而趋向自我毁灭。

白露给这些新女性贴上了一个标签,即"丁玲式的新女性"。"丁玲式的新女性"缺乏一种相对稳定的主体性,或者说相对稳定的人格特征。这就是新女性的尴尬。这些获得并践行着"自由恋爱"权利的新女性无法处理好意志与情感之间的平衡问题。新女性在自由恋爱中迸发了此前女性所没有过的热烈情感。这是一种

---

① Tani E. Barlow. *The Question of Women in Chinese Feminism* [M]. Inderpal Grewal, Caren Kaplan and Robyn Wiegman, ed. Durham: Duke University Press, 2004: 172 - 173.

进步和革命,是女性自主与主体性的具体呈现。但是这种过于热烈的情感是新女性面临的一个崭新问题,使得新女性陷入另一种困境,被情感拖累,深陷其中。现代以来,人们往往把所谓爱情"神化",极大地拔高了爱情的意义与价值。这些新女性在爱情中消磨了意志,在爱情中迷茫、惊慌,变得神经衰弱,甚至崩溃。总之,白露认为丁玲把"不能控制自己的感情和情绪"看成是这些新女性最大的弱点。到目前为止,如何处理男女两性之间的亲密关系都是人类的一个难题,更何况没有经验可借鉴的这些新女性在现代自由爱情中难免"为爱受伤"。

因此,白露指出丁玲在早期小说中表现了新女性对强大自我意志的探索与追求。新女性意识到自己在自由恋爱中缺少强大的自我意志,但是又不能改变这种状态。梦珂具有反抗的意识和行动,只是一旦反抗行动受到挫折便灰心丧气,完全消沉。莎菲的意志被其肉欲扭曲,阿毛则缺少自知之明和自我控制能力。白露非常重视莎菲说的"我要那样东西,我还不愿去取得,我务必想方设计让他自己送来"。[①] 白露认为新女性固然新,但新女性还不够成熟。丁玲笔下的新女性有欲望,有情感,但是没有意志,需要别人爱她,其快乐和价值建立在这个前提之上;不过她们眼界甚高,又讨厌别人的爱,责备自身的卑劣,故而经常陷入消沉。白露明确提出了丁玲笔下恋爱中的女性的感情与意志二者的平衡问题,她认为这些女性表达情感是历史进步,但是她们旋即陷入另外一个危机,即陷入了泛滥的感情或情绪中不能自拔,陷入自我迷妄之中而丧失行动力和生命力。

在梅仪慈、白露的阐释中,丁玲早期作品中的女性在情爱中充满着自我反省和自我搏斗。梅仪慈升华了丁玲笔下新女性的情爱

① Tani E. Barlow. *The Question of Women in Chinese Feminism* [M]. Inderpal Grewal, Caren Kaplan and Robyn Wiegman, ed. Durham: Duke University Press, 2004: 172-173.

描写的意义,她认为对丁玲早期作品中的年轻女子而言,"爱情与性欲成了决定自我拼搏胜负成败的战场"。① 她们发现丁玲没有对其笔下的女性人物进行理想化、定型化的描写,更多采取一种当今看来是堪称建构性的文学叙述方式,即人物性格和心理不是固化的、静止的、自然的和天生的,而是随着情节的推进而渐进式变化。这些女性拥有、践行着中国历史上第一次出现的女性选择性伙伴的自由与权力,同时又因此陷入道德自责。这些女性不断探索、反思自己的行为和心理,充满矛盾和彷徨。比如莎菲一方面对凌吉士有着压抑不住的情欲,且这种情欲与男性身体密切相连。莎菲强烈感觉到凌吉士男性身体的诱惑力,这个青年男性身材颀长,肤色白嫩,嘴唇殷红柔软,让莎菲难以自持;一方面又觉得凌吉士配不上她的爱恋,因为莎菲觉得他追求庸俗,对金钱过于迷恋,而且对爱情不会专一。莎菲在理性上察觉了她与凌吉士在精神上存在的巨大差异。莎菲惊讶地发现,为了一段明知是基于妄想的爱情,她要放弃她的理性、伦理感,甚至自我保存的本能,就如她在最后一天的日记中所写的,"我应该怎样来解释呢? 一个完全癫狂于男人仪表上的女人的心理!"②矛盾的、自责的莎菲在证明她有能力获得凌吉士的爱恋后,主动脱离了这种诱人的难以控制的情欲关系。这对一个身处于 20 世纪 20 年代的中国青年女性来说绝非易事。

梅仪慈认为"五四文学的出现,使得爱情和情欲才成为一个引起激烈争论的问题,是一个具有摧毁自我意识的因素,莎菲女士便是反映这个问题的具有概括性的形象,但也有另一些小说,在那儿,精神的困境、个人追求独立自主和人与人之间关系的危机都是通过爱情的纠纷来表现的。因为在描写女子情欲上表现得空前大胆与坦率,使丁玲在她的同代作家中显得十分突出,但她常常能通

---

① 梅仪慈.丁玲的小说[M].沈昭锵,严锋,译.厦门:厦门大学出版社,1992:43.
② 梅仪慈.丁玲的小说[M].沈昭锵,严锋,译.厦门:厦门大学出版社,1992:78.

过这种两性间的关系与情感的道路来探索现实人生的其他领域。"①在梅仪慈的阐释中,《一个女人和一个男人》《他走后》《野草》等作品中的女主人公经常进行自我分析:一方面自我满意,因为自己成功表现对男性的诱惑力和掌控力;一方面又严厉反省自己,厌恶自己,认为这种行为非常卑劣,认为自己在这种行为中耗费了生命。如此一来,丁玲笔下女性的恋爱问题不仅仅是单纯的恋爱问题,同时亦上升为形而上问题。女性在恋爱中的自我反省、自我搏斗,发展成讨论人生问题和生命价值的过程。正是出于这样的阐释与认知,所以虽然梅仪慈承认丁玲写了很多爱情小说,写了不少情人形象,但是丁玲的创作态度是非常高尚严肃的。正是因为作者丁玲以及丁玲笔下的女性表现出的自我反省和自我搏斗的精神,因为丁玲及其女性对女性独立人格进行了大量的思考和探索,所以丁玲的女性身体欲望书写虽然热烈大胆,但是没有低俗、浅薄之气,反而成功地抓住了读者的心。

梅仪慈认为这些女性强烈的自我反省具有鲜明的文学意义。这些年轻女性精神上的矛盾和冲突构成了丁玲早期创作最重要的内容;"丁玲把她的人物那种不断进行自我反省的活动延展到创作本身问题的领域,她已为自己确定了一个最永恒的主题",②丁玲因此形成了独特的写作风格。

白露指出丁玲早期小说中女性人物的"即时悔恨"具有不可忽视的正面意义。白露认为女性的这种悔恨为女性的进步开创了空间和可能,"有能力克服自己缺点的优秀女性能够在重新定义的过程中出现,而这一过程是革命实践提供给所有下层主体的"。③ 换而言之,白露以为有能力意识到,并反省自己的缺点是克服自己缺点

---

① 梅仪慈.丁玲的小说[M].沈昭锦,严锄,译.厦门:厦门大学出版社,1992:53.
② 梅仪慈.丁玲的小说[M].沈昭锦,严锄,译.厦门:厦门大学出版社,1992:60.
③ Tani E. Barlow. *The Question of Women in Chinese Feminism* [M]. Inderpal Grewal, Caren Kaplan and Robyn Wiegman, ed. Durham: Duke University Press, 2004: 183.

的前提,而能够克服自己缺点的女性必然会成为优秀女性。不断反省和克服自身缺点本身便是一种进步,是一种革命的姿态和实践。从这个意义上而言,白露认为丁玲的小说不仅具有鲜明的女性主义气质,而且"以一种持续不变的自我反省的方式,与进步论中国女性主义的远大规划和问题联系在了一起"。①

研究者们发现虽然丁玲早期塑造了不少进行自我反省,却又无法克服自身弱点和困境的女性,但是这些女性并没有持续成为丁玲的创作中心。梅仪慈以为丁玲在《暑假中》《小火轮上》等作品中表现了女性的软弱,但她坚持丁玲还写了很多不同类型的小说,比如《一个女人和一个男人》《他走后》等。这些小说里的女性开始出现不同的气质,如薇底们"努力使自己变得强硬,为克服女性的弱点而奋斗不懈"。② 对于这些女性来说,自由恋爱的作用发生了很大的变化,自由恋爱成了一场考验。这些女性在这个考验中自我反省、自我克服、自我搏斗,提升情绪控制的能力,磨炼自身意志。

在布乔治看来,虽然丁玲那些得到自由恋爱权利的新女性发现了原来许诺的自由的虚幻,但是丁玲没有让她们走向彻底毁灭。即便这些女性意识到自己面临着诸多的新问题,但这并不意味着新女性的失败。她们有过动摇,有过犹豫,但是这种动摇和犹豫只是短暂情绪的表现,她们不会彻底后悔和沉沦。在丁玲笔下,没有一个女性重返最初的逃离之处,没有重返传统家庭,而是努力振作起来,坚持继续前行。丁玲的新女性即便想到以死来作为解脱,她们一般也不会采取具体的行动。除了阿毛,丁玲的新女性都会在困惑、孤独、自怜、自恨的同时倔强地坚持。"佩芳呀! 佩芳呀! 新年已来了,记住吧! 你自己下的决心! 努力锻炼你的脆弱的理性,

① Tani E. Barlow. *The Question of Women in Chinese Feminism* [M]. Inderpal Grewal, Caren Kaplan and Robyn Wiegman, ed. Durham: Duke University Press, 2004: 183.
② 梅仪慈.丁玲的小说[M].沈昭锵,严锵,译.厦门:厦门大学出版社,1992: 56.

抑制你那可笑的感情！好好的发奋读书，不要什么所谓朋友了吧！"这段话出自丁玲作品《岁暮》的结尾。新年即将到来之际，佩芳独坐房中，自我鼓励，希望在新的一年更加独立。《岁暮》这个作品在丁玲研究中并不常见，而布乔治引用了这一段话来证明丁玲新女性的倔强，以及她们自我救赎、自我超越的开始。

（三）新女性的救赎与超越

丁玲的新女性们应该如何克服自己的弱点？丁玲为她们探索、指明了怎样的解放之路？这是白露重点关注的问题。

白露认为丁玲早期小说中在针对女人弱点作了文学上的批评之后，便自然转向了如何矫正女性的弱点的问题。概括性的简洁答案是女性应该从"恋爱""玩"走向"做事"。在这个关键性问题上，白露的丁玲分析显示了强大的阐释力。

白露综合分析了向警予、杨之华、蔡畅、肖楚女等中国共产主义妇女运动早期设计师的主张，使用"马克思女性主义女性主体"这个范畴来阐释丁玲及其笔下女性人物的变化，即女性主体的欲望要转换到中国现实所需要的民族、阶级、国家等框架当中。白露认为1929年丁玲的创作具有转折意义，此后丁玲的女性形象发生了明显的改变。丁玲在《韦护》和《母亲》这两部作品中进行了相应的尝试和探索。

同样是解读恋爱与革命的关系，白露对《韦护》的解读可以不同于中国国内的"恋爱加革命"模式，白露强烈关注了《韦护》中的"做事"，对人，尤其对女性的重要意义。"做事"一词出自湖南方言词汇，意指广义上的"劳动""工作"。马丹·萨尔普指出"工作是一种自我创作的活动，它可以把他从受奴役的状态提升到自由的境界"。[①] 白露赞同马丹·萨尔普的观点，认为工作对女性同样具有

---

① 丹尼·卡瓦拉罗.文化理论关键词[M].张卫东，张生，赵顺宏，译，南京：江苏人民出版社，2006：117.

这样的意义和价值。白露详细分析了"玩"和"做事"的区别："'玩'在《韦护》中意味着所有不直接涉及社会进步或个人规训的尝试。'做事'意指工作,构成了'玩'的对立面,因而便有了更深刻的意义,'做事'是一个改造主体和主体环境的创造性举动",并且丁玲把意志与爱情分别与"做事""玩"进行对应。"做事"(工作)需要人们的努力与勤奋,需要强大的意志作为支撑,而"爱情"是"玩",是"纵容自己的性本能",不但不需要意志,甚至是处在意志放纵的状态。这样的"爱情"既无益于解决新女性的个人生活问题,也无益于解决当时中国种种宏观的社会问题。

白露由此认为韦护、丽嘉和姗姗之间的三角恋具有独特的意义,因为其中每一个人都被迫要在意志(做事)和情感(恋爱、玩)中进行痛苦的抉择。此时的恋爱不再被作者丁玲和研究者白露视为一种进步的表征,而是被视为放纵,是"玩"。性爱虽然让人沉醉,但同时限制了人们更好地发展。"做事"(工作、学习、革命)则被视为具有公共道德,人们可以在其中得到成长,可以挖掘、创造出自我潜能。爱情和"做事"的高下立见。每个人都必须要在恋爱(玩)和"做事"(工作、学习、革命)中作出选择。白露认为对于韦护而言,丽嘉代表着"玩"和"爱情",是性欲和生命的自然需要,姗姗则代表着工作。需要特别指出的是,白露所谓的工作和丁玲笔下的"做事"绝不是指把女性局限于家庭内的家务劳动,而是特指社会化的工作。

白露在阐释中格外偏爱姗姗这个人物。虽然丁玲没有明确的相关描写,白露推断姗姗也是一个女作家,或者说姗姗表征着女作家丁玲自己。白露没有把阐释聚焦于男主人公韦护,而是特别挖掘了姗姗形象的寓意。她明确表示"《韦护》在一定程度上是有关姗姗如何把自己变成了一种有决断能力的女性的小说"。① 白露

---

① Tani E. Barlow. *The Question of Women in Chinese Feminism* [M]. Inderpal Grewal, Caren Kaplan and Robyn Wiegman, ed. Durham: Duke University Press, 2004: 172 - 173.

指认丽嘉是另一个莎菲、梦珂和阿毛，她们把爱情视为生活的全部，而姗姗则是丁玲笔下出现的一个崭新的女性形象，是一个抛弃了"自我情绪"的新女性形象，是一个可以通过"做事"来获得意志、获得理性、获得自控力的女性形象，"姗姗在斗争中领悟到，所有女人都需要做些事情，即女人需要工作，爱情、欲望、性愉悦、幻想，这些都不需要努力，它所花费的精力只是维系着完整的自我欺骗。"①白露以为丁玲在《韦护》中表达了工作对于人们，特别是女性人生的重要意义。这是丁玲小说出现的新主题。同时白露认为丁玲没有把爱情和工作绝对地对立起来，丁玲在《韦护》中表达的是每个人都需要正确理解爱情和工作，妥善处理它们之间的关系。每个人"都要找到一种方法，让个人的快乐能够融入到对社会有用的事业中去，或者至少，要把个人的需要和社会上有意义的工作融合在一起"，②把爱的需要和对工作的需要完美地结合在一起。姗姗因此对韦护口中的俄国女人依利亚充满赞赏之情。

　　在对《母亲》的阐释中白露提出作品试图强调封建礼教不准妇女进入公共领域是对妇女，尤其是对贵族女性的严重迫害。白露认为《母亲》试图指出"通向平等最直接的途径，就是把女性从束缚和被迫的赋闲懒散中调动出来。这种解决问题的政治主张，和丁玲的《韦护》在20世纪30年代表现的当下观点是一致的，即女性需要工作。"③

　　白露分析了丁玲小说中工作（革命）与恋爱、情欲的互动关系。

① Tani E. Barlow. *The Question of Women in Chinese Feminism* ［M］. Inderpal Grewal, Caren Kaplan and Robyn Wiegman, ed. Durham: Duke University Press, 2004: 172 - 173.
② Tani E. Barlow. *The Question of Women in Chinese Feminism* ［M］. Inderpal Grewal, Caren Kaplan and Robyn Wiegman, ed. Durham: Duke University Press, 2004: 172 - 173.
③ Tani E. Barlow. *The Question of Women in Chinese Feminism* ［M］. Inderpal Grewal, Caren Kaplan and Robyn Wiegman, ed. Durham: Duke University Press, 2004: 175.

在白露的阐释中,美琳虽然获得了圆满爱情,但是一段时间后她逐渐感到爱情不是生活的全部,而且这种局限在小家庭的爱情对女性仍然具有某种压迫。最后,美琳在革命中摆脱了不安宁的心绪,在革命中获得独立的社会地位,在革命中摆脱旧式的不平等的爱情关系,并在革命中发展了一段有着共同革命理想的平等的爱情。在白露看来,丁玲的女性正是通过投身于革命才有效地避免了爱情带来的伤害。因为"革命实践是解决个人问题,特别是资产阶级妇女个人问题的办法,……它能消除容易使妇女丧失自我意识的爱情不测,能使她们不过分多愁善感,也能改变她们过于诉诸激情的情况……她们对革命需要的理解比男人快得多"。①

总之,白露认为,丁玲相信工作,并不一定是文学创作,而是任何一种工作,是使女性情绪安定、建立自尊心的秘诀,"到丁玲从事无产阶级文学作品的创作时,任何妇女都可以通过革命实践把自己改造好。妇女的意志一旦表现出来,就可以变成改造社会的巨大力量"。②

除了白露之外,布乔治也认为1928年以后丁玲笔下的女性形象发生了很大的改变。他察觉到丁玲在随后的创作中探索了女性克服恋爱中呈现的种种弱点所进行自我救赎的具体路径,即写作。丁玲笔下因此出现了很多女作家形象。比如《野草》中女作家曾沉溺于爱情,但更知道爱情带给女性的伤害和失望。她再次拒绝爱情,写作成为比爱情更重要的事情。她"用笔来寻找安慰",在作品中努力塑造出镇静、有理性的、以写作进行自我救赎的新女性形象。

---

① 白露.三八节有感和丁玲的女权主义在她文学作品中的表现.熊文华,译.丁玲的早期生活与文学创作(一九二七——九四二)//孙瑞珍,王中忱.丁玲研究在国外[G].长沙:湖南人民出版社,1985:287-288.

② 白露.三八节有感和丁玲的女权主义在她文学作品中的表现.熊文华,译.丁玲的早期生活与文学创作(一九二七——九四二)//孙瑞珍,王中忱.丁玲研究在国外[G].长沙:湖南人民出版社,1985:292.

如同布乔治一样，白露注意到丁玲的《野草》《年前的一天》《不算情书》等作品中开始出现具有坚强意志的女性。这些女性都是作家，她们通过写作来控制自己自然的女性冲动，爱情不再是她们抵御生活的盾牌。她们虽也有幻想和悔恨，但更能够及时通过写作这种踏踏实实的方式来调整、控制自己，有效缓解了幻想、悔恨和消沉，卓有成效地避免了莎菲式的自我毁灭。总之，这些女性不再沉溺于爱情和爱情带来的伤感之中，她们通过写作有效控制了自己的欲望和情感，并在写作中获得意志、理性和自控力。

研究者发现丁玲笔下的女性形象再次发生了改变。这次改变的具体表现是女作家消失了，取而代之的是革命女性。布乔治把《一九三〇年春上海》（之一和之二）的主题提炼为"革命与爱情、文学的矛盾"，即文学对革命是否有价值的问题。具体内容是文学与革命相比是不是微不足道，与自由恋爱紧密相连的文学是否是革命的阻碍，直接、实际的革命工作是否才是革命青年最合适的选择。对于更多不是作家的女性来说，在现代中国的 1920 年代至 1930 年代，最具有时代先进性的工作便是革命工作。参加革命工作才可以真正解放女性。《一九三〇年春上海》中的美琳艰难摆脱了爱情的巨大诱惑，超越了爱情中的自我沉溺，毅然投身于社会革命与服务中，而且美琳投身革命后原来心绪不宁的精神状态和神经衰弱消失了。美琳的选择和经历证明了人们，尤其是女性在革命工作中比在爱情中将更幸福，更满足和更有意义，女性因此得到自由和解放。需要指出的是，丁玲笔下的"工作"与"革命"形成了一种微妙存在的递进关系，即革命是一种具有更高要求的工作，可以更好地激发女性的潜能，让女性的人生问题得到更好的解决。

白露指出丁玲为中国现代女性探索的最终的救赎之路是全面转向马克思女性主义。白露认为早期丁玲表现的是女性情爱问题，属于优生学或者说进步论、启蒙女性主义阶段。此后的丁玲开始进入马克思女性主义阶段，把女性问题与阶级、民族问题结合、等同起来。此时的丁玲在创作中不再强调女性主体的个人性冲动和性选择权利,不再关注性爱的表达问题,并且进而坚持女性自然的性冲动应该受到自我约束和自我限制,在丁玲的文学叙事中取而代之的是国家主权、帝国主义、贫苦大众等社会革命问题。白露援引向警予、杨之华、肖楚女和蔡畅等早期共产党人关于妇女问题的观点,注意到马克思女性主义摒弃了"女性"一词,取而代之的是"妇女"一词。"妇女"成为"中国历史之现代范畴的民族标志,并把女性主体及其实践置于中国革命事业的中心地位"。① 关注性爱的女性问题由此转变成关注社会议题的妇女问题,妇女问题因此与阶级问题、民族问题相连相融。正是在这个意义上,"妇女"被看成是一个被压迫阶级,女性(妇女)的解放方向从女性主体的身体欲望转换至在阶级和民族解放中解放女性。因为民族现代性的重要内容包括性别主体和性别公平。民族革命和阶级革命成为女性争取权利的潜在方式。

《母亲》是丁玲一部没有完成的长篇小说。中外学界没有其他学者像白露那样如此关注《母亲》一书。白露认为《母亲》是丁玲把以向警予为代表的早期中国共产党人的妇女解放理论进行了一次文学化的过程和转换。母亲曼贞是丁玲创作中一个崭新的革命女性主义形象,再现着 20 世纪中国共产党的社会革命修辞和实践。这正是丁玲试图把女性的社会地位问题之基础从自然的优生学领域转移到历史体制(阶级和民族革命)中来所进行的一次未完成的文学尝试。丁玲把女性从自然的性欲冲动中转移到宏大历史叙事中来。白露认为"这部未完成的小说《母亲》追问、探索了妇女到底应该是什么这一基本问题,即小说是国家和国际革命史的产物,《母亲》既是一部有关意识形态的小说,也是关于个人意义上

---

① Tani E. Barlow. *The Question of Women in Chinese Feminism* [M]. Inderpal Grewal, Caren Kaplan and Robyn Wiegman, ed. Durham: Duke University Press, 2004: 175.

的回顾史"。① 在白露的视域中,曼贞成为丁玲文学女性形象的分水岭。从曼贞开始,中国现代女性不再是"黑暗中"的梦珂、莎菲和阿毛等,她们开始走出黑暗。她们通过各种各样的做事、劳动和工作,走出家庭,走向社会,走向革命,走进历史。这些女性通过自己的奋斗和奉献把个人的解放、女性的解放和民族、阶级和国家的解放联系在一起。白露因此高度评价了这部未完成的文学作品《母亲》和曼贞这个女性人物。她认为这部小说是"女性主义意义上的民族寓言"。虽然曼贞"最初是一个有文化的中国封建女性的代表性人物,但最后她却以其他人物难以企及的方式代表着中国的现代性,曼贞不是生来就是有思想的人,而是后来逐渐变成了有思想的人;她并不是生来就成为女人,而正是在获得了政治思想意识后曼贞才变成了现代民族意义上的女人"。② 曼贞的社会价值突破了繁殖生理学范畴,不再是仅仅自由选择配偶以改良人种,不再是仅仅以性爱表达潜在地位为人类发展做出贡献。曼贞上升为国族化的主体,把女性自身的欲望和拯救国家相关联、相统一。曼贞因为心怀革命理想所以能乐观、冷静地用自己的实际行动来面对并改变现实生活,从而获得一种崭新的女性精神状态。

不仅如此,在白露的分析中,丁玲相信女性具有巨大的"潜在的"革命能量。丁玲认为女性之所以成为弱者是因为女性被传统社会和自身压抑了。所以一旦女性觉醒了、解放了,她们就会释放出无限的潜能,这些觉醒了和解放了的女性所释放的觉悟和能力甚至有可能强于男性,会成为中国革命的最中坚力量。女性可以拥有比男性更坚强的生命力和意志,更能代表民族乃至人类的希

---

① Tani E. Barlow. *The Question of Women in Chinese Feminism* [M]. Inderpal Grewal, Caren Kaplan and Robyn Wiegman, ed. Durham: Duke University Press, 2004: 172 - 173.

② Tani E. Barlow. *The Question of Women in Chinese Feminism* [M]. Inderpal Grewal, Caren Kaplan and Robyn Wiegman, ed. Durham: Duke University Press, 2004: 172 - 173.

望。白露认为"因为妇女在家中的被压抑地位所决定,她们比男性更向往革命,这是丁玲在延安时期的小说多次重复的主题。通过践行男女平等,甚至更确切地说是,女人的贡献超过了男人,因为她们一度由于内心不舒畅,而被消磨的坚强意志重新焕发出来了。丁玲作品中的革命妇女,都彻底摆脱了内心痛苦的斗争,可以没有困难地实现自己的意愿"。① 白露进一步论证丁玲在《田家冲》和初到延安创作的《给孩子们》《一颗未出膛的枪弹》《新的信念》等系列作品中体现了社会意义上的传统弱者形象诸如妇女(包括老年妇女)、儿童一旦被动员起来后往往"比起男人来都是更加能干的革命工作者……1937 年,丁玲提出了妇女比男人更英勇的理论。换句话说,在一个男女真正平等的社会里,妇女在每一个重要方面都完全超过了男人"。②

虽然丁玲多次公开否认自己是女权主义者,但是在白露全面的阐释与分析中,人们可以强烈感受到一个坚定的女权主义研究者把丁玲解读成了一个坚定的女权主义作家。从这个意义上说,白露的丁玲阐释实现了"作者的死亡"。

三、本 章 小 结

美国研究者关于丁玲女性情爱书写的研究成果具有阶段性和多层次的特点。从整体上来说,除了夏志清以外,其他研究者对丁玲的情爱书写都持正面态度,而且,越来越多的研究者解读出了丁

① Tani E. Barlow. *The Question of Women in Chinese Feminism* [M]. Inderpal Grewal, Caren Kaplan and Robyn Wiegman, ed. Durham: Duke University Press, 2004: 172 - 173.

② 白露.三八节有感和丁玲的女权主义在她文学作品中的表现.熊文华,译.丁玲的早期生活与文学创作(一九二七——一九四二)//孙瑞珍,王中忱.丁玲研究在国外[G].长沙:湖南人民出版社,1985: 295.

玲的情爱书写与女性生存、解放之间存在更为密切关联的意义。

首先，绝大多数的研究者肯定了丁玲情爱书写的先锋意义。古今中外，文学上的情爱书写都存在某种程度上的禁锢。女性情爱书写更是一种禁忌。丁玲以女作家的身份打破了这种文学禁忌。丁玲是 20 世纪中国书写"女性之性"最大胆、最热烈的女作家，《梦珂》《莎菲女士的日记》《阿毛姑娘》《不算情书的情书》等作品中对女性欲望的热烈大胆呈现不仅在 20 世纪 30 年代惊世骇俗，而且仍会对当今读者产生不小的震撼。在丁玲的笔下，女性们不仅意识到自身难以压抑的情欲愿望和想象，而且在她们的日常生活中主动追逐着欲望对象和情欲客体以释放、发泄情欲。丁玲塑造了在情欲世界中前所未有的具有主体性的中国现代女性人物。传统中女性被漠视、被压抑，甚至被污名化的情欲要求得到了正常的文学书写和表现。这一写作行为本身便具有强烈的时代意义、性别价值。

研究者高度评价了丁玲在文学中呈现的女性自由恋爱和对自由选择性伴侣权力的争取和表现。女性的权力与男性的权力越平等，女性就享有越多的性自由；女性权力越小，她们的性行为就越受到禁止。因为"女性的性自由是女性权力的一个重要标志；女性主义性政治的一个基本目标就是扩大女性的性自由权利"。[①] 女作家丁玲能够在文学叙事中写女性之"性"，表征着丁玲身处其中的时代进步。

其次，研究者解读出了丁玲小说中女性在情爱中的自我警觉、自我反思、自我克制和自我超越。即便在热烈的大胆的情爱中，丁玲的文学女性人物的这种自省使得她们呈现出更高层次的主体性建构。这些女性向往、践行女性的性权利，但是她们不会长时间沉溺于情爱中，她们还要从情爱中成功突围和超越。正如李银河所言"性的世界中一个最主要的统治与从属的结构来自性别的差异……从女权主义角度来看,性的问题的重要性首先表现在性与男女两性统治与屈从权力结构之间的关系。女性主义最为关注的与性有关的问题包括女权主义应当对性采取什么态度的问题,性解放与妇女运动之间的关系问题,等等"。①

相比于中国的丁玲研究,丁玲的美国研究者不仅解读了一些读者接受度很高的作品如《梦珂》《莎菲女士的日记》《阿毛姑娘》《暑假中》,还阐释了中国丁玲研究中很少被论及的作品如《小火轮上》《一个女人和一个男人》《自杀日记》《他走后》等。这种非常全面的文本细读没有止于丁玲文学叙事中女性性权力的获得,还深入阐释了丁玲塑造的诸多在自由恋爱中进行自我反省、自我拼搏的女性形象。这些女性因此挣脱了白露所言的"自然冲动",不再沉溺于爱情与感伤。这些新女性成功从爱情中突围,把自己改造成有意志的能够自控的"更为崭新"之女性,并通过写作、革命等社会化程度非常高的劳动创造自己,并实现女性的社会价值。

以此为基础,研究者们提出了丁玲女性情爱书写与革命之间存在某种必然关联。如果说女作家丁玲写"性"这一文学行为本身在文学上、性别意义上和社会学意义上都具有划时代的革命意义,那么在20世纪30年代中国革命风起云涌之时,这些已经拥有了性权力又不甘囿于其中的现代女性走入现实中的社会革命活动成为一件非常自然的选择,她们向往在革命工作中释放其生命的巨大潜能。这些觉醒的女性具备强烈的主体意识和自主要求,而且她们所具备的主体意识与自主要求不仅让她们追求自己的性权力,而且会要求拥有在两性关系中的平等地位。更为重要的是这些女性的能动性与主体性会从"私人"情爱领域扩展到波澜壮阔、风起云涌的社会生活和社会革命当中。具有主观能动性的新女性

---

① 李银河.性的问题·福柯与性[M].北京:文化艺术出版社.2003:175.

必然走出传统的家庭领域,通过接受现代的公共教育获得社会意义上的工作技能,获得独立而完整的社会角色,对中国现代社会产生不容忽视的巨大作用。

当然,研究者们同时发现了女作家写"性"所面临的巨大风险。波伏娃认为"性冲动体验是一种最尖锐地向人们揭示出他们状况的含糊性的体验,他们在这种体验中觉得自己是肉体也是精神,是他者也是主体。对于女人,这种冲突更具有戏剧性形式,因为她最初认为自己是一个客体,不会马上实现真正独立的性快感;她必须在接受自己肉体地位的同时,恢复她作为超越和自由主体的尊严,然而这是充满困难和危险的事业,常常以失败告终"。① 正是在这个意义上,丁玲的美国研究者梅仪慈、白露、颜海平都认为丁玲的女性情爱书写是"困难而危险的事业",女作家丁玲因此获得巨大成功,也因此承担了巨大的风险。丁玲后来的遭遇证实了这种风险的客观存在。

总之,除了夏志清,美国研究者从整体上非常关注、推崇丁玲的情爱书写,认为丁玲的女性情爱书写具有先锋性与超越性,对中国现代女性的自我主体身份建设具有重要意义,与女性生命意义的探索和实现紧密相连。更为重要的是,这些阐释有力解释了丁玲笔下的新女性为何从"爱情"中出走,并走向波澜壮阔的中国现代革命。

---

① 西蒙娜·波伏娃.第二性(第二卷)[M].陶铁柱,译.北京:中国书籍出版社.1998:461.

第三章　女性与革命的复杂关系

在五四运动的影响下,中国 20 世纪 20 年代成为一个自由恋爱的年代,或者说自由恋爱是当时的时代主题。但是,20 世纪 30 年代开始,时代主题发生了显著变化,革命取代自由恋爱成为时代的崭新主题。中国共产党领导的以阶级革命和民族解放为主要特征的中国现代革命登上历史舞台。当时的精英人物自然包括不少精英女性,纷纷投身于革命潮流。他们相信中国共产党领导的这场革命是解决所有社会问题和改变自身命运的唯一办法。但是这些人,这些女性往往没有充分意识到中国现代革命的复杂性,以及革命女性与中国现代革命之间存在着某种错综复杂的关系。丁玲用其革命文学和人生遭遇证明了这个历史现象。

一、丁玲文学的转向论和统一论

当前美国学界一般认为丁玲的文学写作出现过转向,集中表现在写作题材的明显转变,从专门写恋爱中的女性心理及个性解放改为描写革命。写恋爱的女作家丁玲变成了革命女作家丁玲,两者之间呈现巨大的差异性。但也有个别研究者认为,丁玲的文学创作具有阶段性特征,但是整体上是统一的。

（一）丁玲文学创作的两次转向论

美国大部分丁玲研究者认为，丁玲的文学创作历程发生过两次转向。梅仪慈认为"从恋爱到革命"是丁玲文学创作的第一次转向，但这种转向不是一蹴而就的，而有一个明显的过渡期。1930年丁玲发表《韦护》《一九三〇年春上海》（之一、之二）。这三部作品被认为是"恋爱＋革命"模式，标志着丁玲创作正式出现了"革命"主题。这些作品没有得到很高的文学评价，但是在美国的研究者眼中具有过渡性的特别意义，是后来丁玲小说慢慢彻底变成了革命文学的有益尝试。此后，《田家冲》中同样为新女性的三小姐的生活重心、内容与梦珂、莎菲、阿毛们就彻底不同了，浪漫又令人烦恼的恋爱消失了，取而代之的是深入农村动员、组织农民起来革命。1932年，《水》的发表标志着丁玲的文学叙事彻底变成了革命文学。

丁玲文学为何发生这个转变？这是美国丁玲研究者都非常关注的命题，他们从不同角度探讨了丁玲文学转向的原因。

第一，布乔治、梅仪慈、白露等人都认为丁玲的情爱书写本身意味着革命性。此处的"革命"与"现代中国革命"中的"革命"看似是同一个词语，但两者具有微妙的语义关联：二者既具有意义的关联性与延续性，同时又有着无法化约的差异性。前者是指丁玲情爱书写的创新性以及对中国传统礼教文学书写的抗争与叛逆，而后者集中指向中国20世纪30年代末以无产阶级和民族解放为核心内容的社会革命。前者可以被视为是丁玲文学革命转向的基础和前提。夏济安的"性爱与革命同一论"是这种判断的先声。李欧梵继承了这种观点，也认为"这种革命的激情是从同样的主观主义火山口喷出来的，它较早曾在二十世纪初喷发过爱情与情欲的熔岩"。①

---

① 李欧梵.现代中国作家的浪漫一代[M].王宏志，译.北京：新星出版社，2010：258.

第二,梅仪慈认为 20 世纪 20 至 30 年代创作严肃文学的作家们恶劣的生存条件导致了丁玲的革命转向。梅仪慈以丁玲《自杀日记》为案例,挖掘 20 世纪 20 年代及 30 年代中作家所处的极度恶劣的社会生活环境,认为当时的左翼作家表现出了为社会进步而甘当"牺牲者的姿态"。研究者普遍认为胡也频生前的激进思想、投身实际革命工作以及其惨烈死亡加速了丁玲的革命转向。颜海平认为对包括丁玲在内的作家来说,1930 年代是中国现代最为恶劣的历史时期之一。胡也频的死亡对丁玲来说具有极大的毁灭性。颜海平从丁玲的《从夜晚到天亮》中解读出丁玲当时身体和精神的双重危机,而这种危机对丁玲的写作必然会产生重大影响。此后丁玲的写作题材发生了明显变化,诸如"农民、穷人"这样的社会弱者形象成为其文学叙事人物。

第三,布乔治认为丁玲早期作品表现了自由恋爱中男性对女性的压迫等级关系,而丁玲相信这种压迫"只有在社会革命中才能消灭"。[①] 白露分析了丁玲笔下的女性投身革命的历程,认为丁玲最初的革命想象是理想化的,丁玲相信革命会给女性带来一个充满希望的社会。

文学与革命的关系是西方经典的学术命题。这个命题亦可表述为作家(知识分子)与革命的关系。二者基本同义。丁玲与革命的关系自然是他们的研究焦点内容。这个命题可以具体细化表现为对丁玲的文学功能认知的研究与探讨。梅仪慈注意到丁玲对作家(文学)功能认知有个历史变迁过程。这意味着丁玲对文学(作家)社会作用的认识不是固定不变的。她认为丁玲以及其文学人物一直在思考这个命题,尤其关注在不断变化的历史中的"文学(作家)何为"问题;不管是初登文坛时还是相对成熟后,"为什么要

---

① 白露.三八节有感和丁玲的女权主义在她文学作品中的表现.熊文华,译.丁玲的早期生活与文学创作(一九二七——一九四二)//孙瑞珍,王中忱.丁玲研究在国外[G].长沙:湖南人民出版社,1985:281.

写作?""写作的意义是什么?"这样的问题从来都没有在其脑海中消失。① 丁玲最初的创作目的是消除个人的孤独与痛苦。布乔治和梅仪慈都相信丁玲最初的创作动力是发泄个人的苦闷,所以丁玲早期小说的主题是"个人(女性)的寂寞心灵"。梅仪慈相信读者在丁玲早期小说中更多看到莎菲式女性与自身无休止的斗争,而不是社会对莎菲式女性的压迫。

梅仪慈认为从《韦护》《一九三〇年春上海》(之一、之二)开始,丁玲对文学认识发生了明显的变化。韦护是一个从事革命工作的文学家,丽嘉是文学爱好者。正是因为对文学的共同兴趣和爱好,两人走到一起成为恋人,创作文学、欣赏文学成为两人恋爱的重要内容,但是最后韦护觉得这种爱情生活影响了他的革命工作便抽身离去。《一九三〇年春上海》(之一)中作家子彬最初因为文学创作才能深深吸引了美琳,但是在圆满的恋爱中美琳逐渐对文学失去了兴趣,陶醉在创作长篇小说中的子彬自然也逐渐失去了对她的吸引力。所以从这个意义上来说,这些过渡期的作品不仅表现了"恋爱与革命的矛盾",也呈现了"革命与(传统)文学的矛盾"。

梅仪慈非常关注《一九三〇年春上海》(之一)主人公朋友若尔的一段话。若尔虽然在小说中只是一个配角,但是他有一段话非常引人注目。若尔说:"对于文学写作,我有时觉得便是完全放弃了也在所不惜。……我们只做了一桩害人的事,我们将这些青年拖到我们的旧路上来了。一些感伤主义、个人主义、没有出路的牢骚和悲哀! 他们的出路在哪里? 只能一天一天更深地倒在自己的愤懑里,认不清社会与各种痛苦的关系,他们纵也能将文字训练好,写一点文章和诗词,得几句老作家的赞颂? 你说,对于他们有什么用? 这于社会有什么意义?"②事实上,若尔这段话在中国现

① 梅仪慈.丁玲的小说[M].沈昭锵,严锴,译.厦门:厦门大学出版社,1992:44.
② 梅仪慈.丁玲的小说[M].沈昭锵,严锴,译.厦门:厦门大学出版社,1992:96-97.

代文学研究中经常出现。在梅仪慈之前,夏济安、李欧梵等学者在相关研究中都引用过这段文字,来阐释中国现代文学在 20 世纪 20 年代末开始出现的"革命转向"。

梅仪慈认为若尔这段话可以看作是作者丁玲的心声,是丁玲借用笔下人物来表达自己对文学功能的认知。这意味着丁玲对自己以往文学创作主题以及风格的不满和告别,标志着新型文学(革命文学)即将到来。一种与现实革命活动、地缘政治联系更为紧密的,或者说为革命和政治服务的新型文学呼之欲出。当时丁玲借若尔之口表达了在 20 世纪 20 年代末大革命失败的历史条件下丁玲对文学社会作用的崭新看法,即表现作家个人情绪不再是文学的主要目的,作家和文学属于大众,作家要成为大众的代言人,要为现实的革命需要服务。作家不再是伤感的社会形象,而是为了大众利益献身于革命。的确,此后丁玲的文学创作践行了若尔的这一观点。从这个意义上而言,若尔即丁玲。

丁玲实现革命转向后,其创作和叙事风格呈现出一种新的面貌。梅仪慈通过解读《田家冲》《法网》来阐释丁玲文学转向后写作的诸多变化。1930 年后,丁玲写作开始注重再现客观环境,不再以文学人物的个人心理为主体,取而代之的是人物生存的外部环境,最初的主观性叙事基本消失了。梅仪慈以为丁玲对客观环境描写的注重不仅是一个写作技巧的变化,更带有鲜明的政治和革命意味。丁玲开始周密地观察、表现人物的客观生存环境,把人物痛苦、命运与社会环境进行紧密关联,挖掘人物痛苦命运深刻的社会原因,论证革命的合法性,从而指出革命的可能与必要。《田家冲》中的三小姐满怀革命理想,深入农村,向农民宣讲他们悲惨命运的原因,力图发动他们起来反抗。但是梅仪慈认为丁玲在《田家冲》中,对农村景象的描写过"美"。既然人物的命运就是环境所决定的,《田家冲》农村过"美"的景象与三小姐企图激发农民的革命热情的创作主题显然是矛盾的。

　　梅仪慈将《阿毛》(1928 年)与《法网》(1932 年)进行了对比分析。阿毛的悲惨命运不仅仅是因为社会压迫,丁玲对阿毛心里细腻这一特点的描写显示出其命运走向中阿毛自身"贡献与参与"程度颇高,或者说对于阿毛的悲剧,其本人要承担不少的责任。丁玲在小说中批评了幻想成瘾的阿毛。《法网》中造成女性悲剧命运的原因则发生了明显改变。在《法网》中丁玲重在表现阿翠流产导致丈夫丢掉差事而被丈夫毒打,最后阿翠丈夫怪罪并杀死她最好的朋友,阿翠被冤枉进了监牢并死去。在这个过程中,阿翠这个悲惨的女性多次哭泣,作者丁玲没有描写其痛苦的内心和其他心理活动。这与《阿毛》大量描写人物心理活动的表现手法形成了鲜明对比。梅仪慈对《法网》持批评态度,认为这篇小说无法让读者产生对阿翠等人物的深刻理解与同情。理由是作品所有细节都在表现主人公阿翠的生活环境的恶劣性,人物阿翠本身则呈现出一种静止状态,没有丝毫的主体性表现。梅仪慈因此认为这是一部被强加了"政治使命"的小说,她进而指出除了《从夜晚到天亮》以外,1930 年后丁玲所有的小说都带有鲜明的现实政治取向。

　　从夏志清开始,美国的研究者便普遍对丁玲的第一次转向都持批评态度。直到当下,刘剑梅仍坚持第一次转向后的丁玲丧失了最初的女性先锋性写作。

　　1936 年,经历了三年南京监禁的丁玲奔赴延安。不久,抗日战争全面爆发,丁玲全身心投入抗日中,参与撰写了《二万五千里长征记》,组织、领导西北战地服务团进行了抗日宣传表演,唤醒、激发大众的抗日决心和斗志。与此同时,丁玲始终没有忘记梅仪慈所定义的"作家身份",创作了《一颗未出膛的子弹》等作品来歌颂革命根据地人们的抗日行为。

　　白露认为丁玲对中国共产党领导下的革命与革命政权有一个认识变化过程。最初丁玲对革命的认知与想象是理想化的。这种理想化的革命认知与想象在丁玲初到延安的创作中表现非常强烈。1940 年,丁玲来延安已有 5 年时间。此时丁玲逐渐看到了一些问题,尤其是革命根据地和革命政权中女性问题并没有得到想象中的彻底解决,并且产生了一些新的问题。丁玲在写作中对这些问题进行了表现和批判。《新的信念》《我在霞村的时候》《三八节有感》《在医院中》由此而生。这些作品得到包括美国在内的西方学界的高度评价。

梅仪慈认为毛泽东《在延安文艺座谈会上的讲话》(以下简称《讲话》)发表后,中国共产党在文艺界树立了"绝对的领导地位"。白露则认为在延安整风运动和《讲话》发表后,延安地区消除了文化批评,其结果导致作家的文学表现与政治表述混为一谈。梅仪慈、白露都坚持丁玲事实上进行了自我检讨,全面接受了《讲话》精神。经过一段时间的沉寂,1944 年丁玲又开始写作,创作了《田保霖》《袁广发》等作品。丁玲这次创作的改变被学界称为"第二次"转向。

美国的丁玲研究者普遍对丁玲的第二次转向进行了更为激烈的批评。他们认为丁玲 1942 年以后的创作对延安革命政权没有了批评声。梅仪慈从人物、主题、创作手法三个层面阐释了丁玲的再次转向。丁玲创作了一系列"真人真事"报道。这些"真人真事"在经过丁玲的文学润色后成为延安革命和建设的先进典型和模范人物。梅仪慈显然不欣赏这些作品和人物形象。她批评丁玲的这些人物只有行动,没有行动的动机,没有个性,只是传声筒。这些作品努力呈现中国传统文学特色,句式简单短小,用词朴素精炼。这与丁玲早年上海时期的创作风格形成鲜明对比。白露则认为受到一系列打击的丁玲在讲话后重新思考了文学创作问题。丁玲在很大程度上放弃了原来她常用的主题、人物、语言,转而探索了另外一套文学表现技巧。

(二) 丁玲文学创作的前后统一论

丁玲的文学叙事发生了所谓的"两次转向"是美国学界的传统

和主流观点。到目前为止,颜海平是这个观点的唯一质疑者。颜海平考察了丁玲的整个创作历程,承认丁玲在不同历史阶段的写作的确具有不同的阶段性特征,但是颜海平认为从某个意义上来说这些不同阶段的文学叙事仍具有明显的延续性和同一性。颜海平基础性的解释范畴是"弱者"和"强者",其学术研究的焦点集中在"弱者的生成"与"弱者的改变",即弱者是如何生成的,他们是否具有改变自身弱者地位和命运的潜质和可能,以及弱者是否具有相应的主体性和能动性,他们应该如何改变。这是颜海平所有学术研究的逻辑和情感原点。在这样的阐释逻辑和框架中,颜海平用"弱者"这个范畴把丁玲早期笔下的女性形象与其1929年后表现的各种人物关联在一起,二者具有某种同一性,即他们都是弱者,他们都生成于现代这个强权社会结构和权力关系的共同的逻辑中。颜海平乐观地相信以女性为代表的各种形态的弱者们所具有的"生之激情"可以打破现有的社会权力结构和秩序。

要理解颜海平的这个观点,首先要理解她的丁玲阐释的相关范畴与逻辑。颜海平用独创的"生物种性逻辑"范畴来解读现代强权社会中的强弱二分逻辑。她认为现代社会强权势力利用已有的强者地位,利用不合理、不公正的社会权力结构和关系再制造、再生产弱者,并且通过各种手段,让各种形态的弱者相信自身的弱者地位是天然的、自然的和固然的,也就是说这种弱者地位不可改变,强弱关系也不可改变,从而取得强权地位的永恒合法性。

颜海平用"生物种性逻辑"范畴来解剖现代强权社会的统治逻辑和统治秘密。女性就是这其中最典型的弱者之一,这既是现代强权社会"生物种性逻辑"制造的结果,也是生物种姓逻辑在两性关系中的具体实践结果。女性的弱者地位同样是出自生理原因被系统化社会权力结构通过种种社会管理手段所规定、所强制,现代社会中女性的生存环境相对于男性而言,仍是非常恶劣的。

颜海平创新性定义了文学想象性写作。颜海平对作家,尤其是丁玲想象性的文学写作行为给予了创造性的阐释。颜海平高度认可想象和文学创作的巨大作用,明确表示"创作小说就是创造生活"。①

人们一般对想象存在几分蔑视,认为想象是一种虚假,不能构成具体现实。颜海平批评这种认知把想象与幻想混为一谈。颜海平认为文学的虚构性和想象性不等同于虚假性。颜海平指出丁玲想象性的文学写作往往使人们联想到中国 20 世纪 20 年代那些渴望解放,并热烈投身于现代中国革命的女性的实际存在。换而言之,丁玲文学写作既有想象性、虚构性之维度,又有历史和现实的真实性(与历史、现实密切相连),同时还有未来的真实性(具有创造性)。颜海平在研究中不断强调包括丁玲在内的革命作家们的文学写作具有改变现存社会秩序和权力结构关系的可能和必要,肯定了文学艺术的重要社会作用。颜海平对文学功能有个独特的观点,即"文学创作既是一种想象力量,也是一种现实力量。文学创作是作家将想象行为中酝酿生成的能量和动力予以现实化的过程,它的确改变并且实实在在创造了真实的生活"。② 也就是说,文学写作中的想象会酝酿出一种能量和激情,写作就是把这种能量和激情现实化,让其具备具体可感可见的过程和形式。从这个意义而言,想象性的文学写作具有真实性和现实性,不仅可以改变现实生活,而且可以创造真实的新生活。写作是精神生产,"精神生产也是实践活动"。③ 因为想象性写作,丁玲变成了作家丁玲,因此获得经济收入,宣告了一个崭新的女性作家的"物质性存在"。更为重要的是,这个新出现的女作家本身成为社会意义酝酿和批判性精神存在的场所。颜海平按照自己独特的阐释逻辑,进而指

① Yan Haiping. *Chinese Women Writers and the Feminist Imagination*,1905-1948 [M]. Mark Selden, ed. London:Routledge,2006:189.
② Yan Haiping. *Chinese Women Writers and the Feminist Imagination*,1905-1948 [M]. Mark Selden, ed. London:Routledge,2006:192.
③ 季水河.美学理论纲要[M].长沙:湖南人民出版社,2011:7.

出文学叙事不仅是传统意义上纯粹的审美过程,其本身也是一种生动的社会实践;因为文学写作和文学审美能够"赋予感受到,但看不到的,尚未显现的人性和生活世界以具体形式,……正因为有了这些具体形式,暗示人性和生活世界应然的力量和已然的存在"。[①] 在这段话中,颜海平不但肯定了文学审美和文学创作所具有的乌托邦价值,而且指出了文学审美和写作的现实批判性质和当下的革命性意义。颜海平的这个观点很容易使人联想到马尔库塞的美学观和艺术观。马尔库塞认为艺术"作为充满各种想象力、可能性的'幻象'的世界,则表达着人性中尚未被控制的潜能,表达着人性的崭新层面",[②]所以马尔库塞提出"艺术即政治实践"。从这个意义上,颜海平把"创作小说就是创造生活"进一步具体表述为"创作小说,就是创造生活,就是社会实践,就是革命"。颜海平的这种文学认知判断与大众关于文学的常识有着显著的不同,具有鲜明的学术先锋和激进气质。

颜海平意义上的弱者反抗与关联的逻辑前提是:弱者们虽然是弱者,但是他们与所谓强者一样拥有相同人性,即他们拥有相同的"生之激情与顽强"(颜海平语),所以他们必然不满意自身的悲惨命运,必然会反抗不公正的社会权力结构和秩序,必然会进行联合反抗。换而言之,颜海平相信不仅仅只有强者具有主体性和能动性,包括女性在内的各种各样的弱者都具有某种意义、某种程度上的主体性和能动性,都可以反抗现存的不公正的社会秩序,都具有可以改变自己的悲惨命运之意愿和潜能。颜海平的"弱者"定义具有广阔浓烈的人文情怀,同时也具有鲜明的乌托邦意味。

在这里很有必要将白露与颜海平进行一番比较。虽然颜海平与白露的学术气质和观点差异很大,但是两人也有部分观点互相

---

① Yan Haiping. *Chinese Women Writers and the Feminist Imagination*,1905 –1948 [M]. Mark Selden, ed. London: Routledge, 2006: 193.

② 马尔库塞.审美之维[M].李小兵,译.桂林:广西师范大学出版社.2001:译序 10.

应和。首先,白露、颜海平两人都察觉到丁玲笔下的女性与无产阶级等各种不同的弱者有着某种共通性。颜海平认为虽然女性同其他弱者有各种各样不可化约的差异,但是女性同其他弱者都产生于相同的统治逻辑,他们之间存有着内在的某种关联,所以"从1929年年末开始,丁玲越来越明确地集中呈现那些无法被化约的各种不同痛苦、沦落和贫困,极富想象力的能量促使丁玲笔下那些'女性的愤怒'把女性自身问题和广阔的社会斗争关联在一起"。①白露也认为无产阶级与"妇女"之间存在必然联系。细细体味颜海平、白露的这个观点,我们可以发现中国现代女性与中国阶级革命、民族解放相连的必然性。从这个意义上继续推理,这两人的丁玲女性主义研究视角必然具有超越性,内在地蕴含了民族主义和广义上的人文关怀。从这个意义上说,白露与颜海平意义上的女性主义价值取向不仅仅局限于女性这个单一的性别之中,而是指向了更为宽阔的社会正义,从而获得了更为深厚的民族和人类意义维度。

其次,颜海平和白露都认为丁玲的女性身体内潜藏了巨大的革命能量,高度肯定丁玲将女性置于现代中国革命舞台的中心。颜海平强烈认可丁玲笔下女性(弱者)的"生之激情",认为弱者可以通过"生之激情"突破社会结构的制约,并进行深刻的自我转变和自我救赎。包括女性在内的弱者在自我赋权、自我转换的过程中能够释放出巨大能量和潜力,改变自己与社会,成为中国革命中一股引人注目的巨大力量。白露则认为在丁玲的作品中女性对革命的理解和接受比男性更快一些,女性对革命的奉献更大一些,女性比男人更加英勇一些。因为女性是弱者,一旦弱者被解放,她们会比男人更能干一些。《田家冲》《给孩子们》《一颗没出膛的枪弹》《新的信念》等作品都体现了作为弱者的女人、儿童的力量。女性

---

① Yan Haiping. *Chinese Women Writers and the Feminist Imagination*,1905 - 1948 [M]. Mark Selden,ed. London:Routledge,2006:225.

在革命中可以有效地摆脱自身内心痛苦,在革命实践中锤炼自身的意志,并从中获得自身的幸福,因为"幸福是充满意志和纪律的革命斗争的产物"。

颜海平创造性地拒绝美国学界传统中丁玲写作所谓的"两次转向"的分析,她坚持丁玲一生的创作具有某种共通性。因为不管丁玲是写女性还是写农民、工人,都在文学写作中表达了一个相似主题,即各种各样的弱者如何摆脱被强加的生物种性逻辑,实现自我赋权(自我改变和转换)而改变自身命运和生存环境。颜海平首先选择性分析了丁玲早期作品《梦珂》《莎菲女士的日记》《自杀日记》,并联系丁玲早年上海"卖稿子,不卖'女'字"事件进行解读。颜海平从中解读出在 20 世纪中国半殖民地的大都市中,刚刚挣脱传统生活的女性(诸如梦珂们、莎菲们),作为性别化的弱者在现代资本社会的艰难生存,她们面对着身体商品化的诱惑和风险,时刻有堕落的可能。梦珂们、莎菲们有时不得不与之同谋,但更多的时候她们在现代资本逻辑的威胁中深深感到孤独和愤怒。而作者丁玲"不卖'女'字"是对以资本为强权的现代社会对女性伤害的高度警惕,并拒绝与之同谋,其行为的内在逻辑是对强权社会中性别化的生物种性逻辑的拒绝和质疑。只是梦珂们、莎菲们这些都市女性尚未找到、尚未实现进一步的自我赋权之路而处于暂时的"黑暗中"。

1931 年丁玲的丈夫胡也频被杀害,她在痛苦和煎熬中继续写作。此时的丁玲扩展了写作范围,笔墨大量涉及农民、无产者等各种不同形态的弱者。颜海平借用了中国妇女史研究者、日本学者小野和子的观点来解释丁玲这种改变的前后关联性。小野和子认为对于中国革命女性来说,女性解放问题从一开始就没有被局限于唯一、单一的性别范畴,而是与其他任何被压迫的男性和民族灾难中所有中国人对政治、经济等各方面的平等诉求紧密相连。换而言之,颜海平认为丁玲早期写作具有鲜明、强烈的女性主义维度,1931 年开始的丁玲写作是其女性主义实现超越和延伸的具体表现。丁玲把女性解放与社会中其他被压迫的男性、民族灾难中被压迫的所有中国人的解放关联在一起。颜海平为美国学界中丁玲女性主义研究创造、开辟了广阔空间和更多可能,打破了丁玲只为"女性说话"的狭隘和封闭的判断和认知,把丁玲的女性关怀与更大的人文关怀结合在了一起。颜海平的这个观点对全球范围内的女性主义研究都具有强烈的启示作用。

在这样的阐释逻辑中,颜海平认为丁玲 1931 年到 1933 年的小说以强有力的文学想象力把中国当时的各种各样不同的弱者集合成了星座。在《水》中,这些联合起来的弱者爆发了惊人的力量而"达到了史诗的规模"。① 虽然颜海平承认这个作品与丁玲早期的小说很不一样,但是她认为二者仍具有某种延续性与同一性。颜海平创新性地挖掘了《水》这部革命文学作品所潜藏的女性主义维度。《水》看似写的是 1930 年代占中国 90% 的农民,但是女性在其中呈现了独特地位和作用。小说以"全村聚集在一起的女性形象"开篇,用一个老太婆的自言自语来展示水灾中农民受到来自自然界和现实社会的双重压迫的悲惨遭遇和他们的抗争。总之,《水》表现了农民这个具体弱者力量的特定联合对被规定、被强加的"生物种姓制度"的拒绝和反抗,而这种拒绝和反抗正是"以女性为杠杆"的。在这样的解读中,笔者察觉出颜海平的丁玲阐释的基本价值和分析前提均传递出强烈的女性主义气息。

1942 年延安文艺座谈会后,丁玲陆续创作了《万队长》《田保霖》《袁广发》和《民间艺人李卜》等作品。布乔治、梅仪慈、白露认为这是丁玲的"第二次转向"。这次转向的原因是丁玲接受了延安文艺座谈会的精神和当时地缘政治的影响。颜海平同样拒绝认同

---

① 颜海平很文学地把这些弱者描绘为"那些政治上被迫缄默、社会上被抹杀或者肉体上被消灭的人们"。Yan Haiping. *Chinese Women Writers and the Feminist Imagination*, 1905 – 1948 [M]. Mark Selden, ed. London: Routledge, 2006: 226.

并质疑了这个观点。颜海平承认在延安文艺座谈会中因《三八节有感》《在医院中》受到批评的丁玲的确身处巨大的压力之中,必然在具体文学创作中要对文艺座谈会中提出的"文艺为工农兵服务"的政策作出回应,也承认1942年以后丁玲创作发生了明显变化,即文学写作对象变成了没有受过很多正式教育的男性,创作主题都是歌颂这些男性之"伟大"。但是颜海平坚持认为这些作品和丁玲之前的作品存在某种意义上的"互相呼应,殊途同归",①问题的关键在于如何理解这些作品的连接"方式"。

颜海平指出丁玲1942年以后作品与其以前作品的关联方式"按照现代性的范畴,即便是一些所谓正统的马克思主义的词汇,仍然无法被充分理解"。② 颜海平没有遵循当下全球学术的理论范畴,创造性提出了丁玲文学写作的溢出性和特例性。颜海平详细解读了丁玲对毛泽东表扬《田保霖》的反应。毛泽东表扬《田保霖》表现了丁玲的"新写作作风"。丁玲本人最初惊讶于毛泽东的这个表扬。因为丁玲觉得自己在上海参加左联后就大量写农民和工人。颜海平在阐释中坚决地将女性主义、女性问题、女性写作与中国革命中的无产阶级问题、民族问题紧密相连,肯定现代革命女性文学的超越性与厚重感。在这个阐释维度上,颜海平创新性地提出1942年后丁玲的写作"呈现了从1920年代开始,丁玲产生和发展起来的政治和诗学的丰富而复杂的扩展",③也就是以女性为代表的弱者们开始团结起来,形成联合星座,自我改变,自我转换,自我赋权,显示了令人难以置信的能量来改变现存的不合理的社会秩序和社会结构。

---

① Yan Haiping. *Chinese Women Writers and the Feminist Imagination*,*1905-1948*[M]. Mark Selden, ed. London:Routledge,2006:226.
② Yan Haiping. *Chinese Women Writers and the Feminist Imagination*,*1905-1948*[M]. Mark Selden, ed. London:Routledge,2006:226.
③ Yan Haiping. *Chinese Women Writers and the Feminist Imagination*,*1905-1948*[M]. Mark Selden, ed. London:Routledge,2006:226.

颜海平不仅创造性地解释了丁玲的文学写作精髓,并且明确提出这种精髓不仅属于女性,而且属于现代中国革命和所有中国人,更属于天下所有的弱者。因此,颜海平的丁玲阐释不仅呈现了研究者和被研究者的女性主义倾向,同时还强烈地呈现出二者所拥有的强烈的民族国家情怀和人类意识。

二、革命女性与中国革命的复杂关系

尽管颜海平强烈坚持中国革命女性与中国现代革命之间具有显而易见的紧密关联性,但是包括颜海平在内的研究者都察觉了丁玲本人及其笔下的革命女性与现代中国革命之间存在着一种异常错综复杂之关系。颜海平明确表述为:在西方社会中"现代中国女作家的革命性文化遗产的重要内涵似乎成为一个难以说出来的故事;人们倾向于把这些革命女性从根本上看成是她们亲身参与的中国革命工具化的牺牲品"。[①] 作为中国革命女作家的丁玲,一生大起大落的命运具有典型性,后人应该去解释丁玲的多舛命运与她所献身的革命之间的复杂关系。的确,如何讲述革命女作家丁玲的故事是一个颇为棘手的现实命题。

(一) 丁玲曲折的革命历程

布乔治、梅仪慈、白露、颜海平等研究者都关注到五四运动以及接受现代新式教育是少年丁玲成长的重要因素。正是在不同的新式的现代学校求学期间,丁玲接触到大量西方文学文化,接触到大量早期共产党人。

丁玲出生在一个传统社会秩序开始瓦解的时代,这是她文学

---

① 颜海平.中国现代女性作家与中国革命[M].季剑青,译.北京:北京大学出版社,2011:致谢.5.

及革命行为得以生发的历史时代前提。更为重要的是 1911 年丁玲的母亲余曼贞在丈夫去世后,在生存危机中主动离开丈夫那个位于湖南醴陵的传统宗族大家庭,带着女儿蒋冰之(丁玲原名)和襁褓中的儿子来到弟弟所在的常德。余曼贞自己考入新式的常德女子师范学院,又将女儿送进学校的幼儿园。母女同时入学引发轰动,成为当地的奇谈。随后,余曼贞又来到长沙,考入湖南省立第一女子师范学校。在这里,余曼贞结识了向警予等几位终生好友。余曼贞后辗转任教于常德等地的小学。年幼的冰之在向警予的照顾下于 1916 年完成了小学学业。1918 年冰之回到母亲身边,考入桃源第二女子师范。这时五四运动的潮流蔓延到了湖南。小冰之成为积极的参与者。她剪短头发,参加游行,发表演讲,还在女工夜校上课,因太小太矮被称为"崽崽先生"。1919 年冰之转学到长沙周南中学,发表了诗歌和批判性文章。后因抗议学校而转入岳云中学。1921 年激进的丁玲放弃即将得到的中学文凭,远离家乡来到上海,在早期共产党人创办的平民女校读书。在这期间,冰之在母亲的支持下解除了与表兄的婚约。后来丁玲对平民女校有所不满,与好友王剑虹一起退校,自学文学和绘画,随后两人进入上海大学中文系。在这里,丁玲和王剑虹遇到了瞿秋白。王剑虹与瞿秋白恋爱、结婚后,丁玲独自一人到北京求学。丁玲早期的生活经历堪称 20 世纪初中国社会传统社会秩序瓦解的生动具体镜像,弥散着浓烈的时代气息,梅仪慈把少女时代丁玲的生活概括为"反抗传统,男女平等,积极参政,醉心文学"。①

　　研究者把少女丁玲的这种表现主要归功于其母亲余曼贞。梅仪慈、白露、颜海平都认为母亲余曼贞身体力行,努力从封建家庭女性变成独立、接受新式教育、追求男女平等、关心政治、具有强烈社会责任感的现代女性。这为丁玲树立了榜样。余曼贞对丁玲当

① 梅仪慈.丁玲的小说[M].沈昭锵,严锵,译.厦门:厦门大学出版社,1992:10.

时堪称非常叛逆的特立独行的生活方式都给予了明确的支持。美籍华裔学者丁淑芳（Dora Shu-Fang Dien）对丁玲母亲余曼贞非常佩服，专门写了《丁玲和她的母亲：文化心理学研究》一书。此外，余曼贞的挚友朋友向警予对丁玲的影响也很大。

1924 年，丁玲独自一人来到北京。她错过了北京大学入学考试时间，在北大旁听了鲁迅的课程并阅读了大量书籍，不久结识了胡也频和沈从文。胡也频和沈从文是好朋友，亦热爱文学和创作。比丁玲小一岁，自称弟弟的胡也频热烈追求丁玲。此时的胡也频和沈从文都已经开始创作，丁玲却为了谋生寻找工作，先后应征过会计、家庭教师、秘书和演员这些职位。正是应征演员的失败经历激发了丁玲的文学写作与成功。1927 年 12 月，丁玲在《小说月报》头版发表《梦珂》；几个月后，同样在《小说月报》头版发表《莎菲女士的日记》。女作家丁玲横空出世，一举成名。

当年丁玲、胡也频、沈从文在上海生活艰难。为了维持生计，他们拼命写作，深受书商的压榨，三人准备自己办杂志，但很快遭遇失败。胡也频思想日益"左倾"、激进。胡也频在山东济南一个中学教书时，因宣扬革命被通缉而回到上海。1930 年左翼作家联盟成立之初，胡也频便加入其中，承担了一些具体实际的革命工作。从此，胡也频具有明确的双重身份，既是作家，也是革命者，一边创作，一边经常外出进行革命工作。同时期的丁玲基本在家中进行创作，描写爱情与革命的矛盾。丁玲为何没有与胡也频同步参加革命，美国的丁玲研究者对此非常感兴趣。夏济安认为当时丁玲曾对投身政治犹豫，是因为丁玲和鲁迅一样"未能寻得政治和文学之间的和谐"。① 梅仪慈则认为丁玲那时尚不能把革命与文学很好地关联起来。

1930 年丁玲第一个孩子出生后的第二天，胡也频告诉丁玲自

---

① 夏济安.黑暗的闸门：中国左翼文学运动研究[M].万芷均，陈琦，裴凡慧，等译.香港：香港中文大学出版社，2016：173.

己已经加入中国共产党,并当选明年 2 月第一次苏维埃代表大会的代表。1931 年 1 月 17 日,即胡也频准备前往江西的前几天,他在共产党的一个秘密会议上被捕。短短 20 天后的 2 月 7 日,胡也频同其他 4 个作家一起被杀害。这就是中国现代文学史上著名的"左联五烈士"事件。

梅仪慈在研究中凸显了沈从文的记叙中的"丁玲的坚强"。胡也频被杀害后,丁玲克制痛苦继续写作,并开始了革命工作。丁玲积极参加左联活动,主编左联的机关刊物《北斗》。左翼文学刊物《北斗》受到国民党当局的各种迫害。在颜海平看来,"这份工作完全有可能导致丁玲丧命"。① 与此同时,丁玲的创作表现出鲜明变化,创作了《水》等作品。

1933 年,丁玲潜心创作长篇小说《母亲》,此时丁玲和史沫特莱当时的英文秘书冯达共同生活。1933 年 5 月 14 日,丁玲在上海家中被国民党特务秘密绑架,当时几乎无一人敢出面揭露此事。尚在青岛大学任教的沈从文知道后于 5 月 25 日写下了《丁玲女士被捕》一文,在胡适主编的《独立评论》上刊出,后又在《大公报文学副刊》上相继刊登出《丁玲女士失踪》以及《记丁玲女士跋》两篇文章。不久正在为老友奔走呼号的沈从文听到丁玲遇害的传闻,他无比愤怒和悲伤,写下《记丁玲女士》(后改名为《记丁玲》)一书。该书在天津《国闻周报》上连载,引起了社会各界的关注,给国民党当局施加了一定的压力,在某种程度上缓解了对丁玲生命造成的威胁。梅仪慈、颜海平大量参考沈从文的《记丁玲》来论述丁玲这段时期的活动。丁冯二人被软禁在南京三年,两人的女儿在关押的第二年出生。软禁期间,丁玲自杀未遂,多次拒绝当局所要求的"远离政治",更拒绝为当局进行写作。这段经历对丁玲产生了巨大影响,预示了女作家丁玲未来的高风险命运。

---

① Yan Haiping. *Chinese Women Writers and the Feminist Imagination*,*1905 -1948* [M]. Mark Selden,ed. London:Routledge,2006:192.

1936 年 9 月 18 日,丁玲设法从南京逃到北京,随后辗转到上海并取道西安,历经诸多危险,在 11 月中旬到达共产党控制的保安地区。丁玲受到毛泽东、周恩来等领导同志的热烈欢迎。丁玲这一行为在国民党和共产党双方都引起了轰动。颜海平认为丁玲在延安重新出场具有"丰富而复杂之内涵","表征着中国女性创作史出现了一个革命性转向点"。[1] 梅仪慈、颜海平均论及到达延安后丁玲的身份与活动的丰富性和多样性。丁玲同时参与艺术、社会和政治等各种活动。她深入前线访问,担任具体行政职务(红军警卫团政治部副主任),积极开展妇联和文艺协会相关工作。1937 年,抗日战争全面爆发后,丁玲组织、领导西北战地服务团,在山西、陕西等地演出,宣传团结抗日。在美国诸多研究者中,颜海平对丁玲组织、领导西北战地服务团这段经历进行了最为详细的描述和解读。颜海平援用其深厚的戏剧理论,详细阐释了丁玲的西北服务团工作的意义。颜海平认为丁玲第一次在身体上近距离接触到受众,在面对面的戏剧表演中激发、汇聚民众的抗日能量,丁玲也在其中被推动着,自身也发生着改变。这段时期的丁玲充满着前所未有的转变性创造力。

1938 年抗日进入僵持阶段,抗日悲观情绪开始出现。革命圣地延安自身也出现更为复杂的情况。丁玲结束服务团工作回到延安,进入马列学院学习。这期间丁玲遭遇颇多。康生指责丁玲在南京软禁期间当过叛徒,周扬认为丁玲到延安是件很值得怀疑的事情。1938 年 10 月到 1940 年 10 月丁玲被组织审查,1941 年 1 月 1 日,审查结果正式公布,结论是丁玲"仍然忠实于革命"。

(二) 丁玲面临的巨大风险

左翼作家丁玲面临来自敌我双方的巨大风险。左翼作家是批

---

[1]　Yan Haiping. *Chinese Women Writers and the Feminist Imagination*, 1905-1948 [M]. Mark Selden, ed. London: Routledge, 2006: 202.

判性很强的作者，他们在文学创作中揭露、谴责社会黑暗，唤醒大众的觉醒，号召大众起来革命。随着时间的推移，这些作家的身份和工作重心都发生了变化，革命成为比创作更为重要的事情。他们直接参加、领导革命工作，要么放弃文学写作，要么是坚持文学创作的革命者，国民党当局自然会对他们保持高度警惕。丁玲丈夫胡也频的被捕和被杀害就是典型例证。白露认为丁玲的小说从一开始就跟政治有关。早期丁玲是一个游离在主流文化圈之外的边缘作家和知识分子，生活艰苦，其写作对当时社会的腐败和不公正进行了批判。[①] 而胡也频被杀害后，丁玲为"复仇"继续了他未完成的革命工作，被国民党抓捕，并在南京被监禁了三年。这段经历成为丁玲以后人生的巨大阴影。

颜海平集中阐释了丁玲革命者的身份问题。丁玲的女革命者身份在整风运动和新中国成立后等不同历史时期受到质疑。在颜海平看来，丁玲的女革命者身份的真实性问题产生于两个方面。

第一个方面是人们总有一个疑问，1936 年丁玲为何能成功逃离国民党的政权中心南京？周扬在延安提出丁玲当时写的表示"不再参与政治，只想回家照顾母亲"的一张字条是一种叛变。直到 1957 年，夏衍仍在质疑丁玲从南京出逃的问题。第二个方面是丁玲在延安发表的《我在霞村的时候》《三八节有感》《在医院中》，这三部作品被认为是在批评延安革命政权和队伍。

颜海平没有回避丁玲研究中异乎寻常的出逃这个敏感问题，而且对丁玲女革命者身份的真实性问题进行了一场复杂的、打破西方学术常规的阐释。首先颜海平从总体上拒绝接受"西方学者将充满生命力而又极端复杂多变的中国现代革命历史简单地阐释

[①]　白露.三八节有感和丁玲的女权主义在她文学作品中的表现.熊文华，译.丁玲的早期生活与文学创作(一九二七——一九四二)//孙瑞珍，王中忱.丁玲研究在国外[G].长沙：湖南人民出版社，1985：293.

为一个灾难性领域"的观点①,也质疑西方研究中国政治史的当代学者把丁玲在延安和新中国成立后遭遇的审查和质疑归结于传统意义上的人性权力之争,颜海平认为西方学者的"这种解读所提供的启示性与其反思性的缺席程度成正比"。② 具体到丁玲的遭遇,颜海平首先赞同当时陈云、李富春对丁玲作出的审查结论。结论明确指出丁玲南京出逃之事的确情形特殊,"非同寻常"。因为当时不少地下党员比如应修人在被抓捕时跳楼自杀,或者被抓后受尽酷刑,而丁玲作为一个"弱女子"居然能拒绝国民党的诱惑,且成功挫败当局的警察机器活着逃出南京。这的确与众不同,让人难以置信。颜海平指出难以相信丁玲能从南京成功逃离的人们在精神上根深蒂固地存在"现实性即正常性"之逻辑。在这种逻辑的支配下,人们判断、认知时表现出强烈的强弱二分结构,笃信强者对弱者的压迫,认为弱者没有突破这种困境的可能。在丁玲的南京遭遇中,这些人把丁玲(女性)和女性不可避免的弱点联系在一起,在潜意识中将丁玲经历之"非同寻常"等同于"不自然"。

第二个方面是丁玲在延安发表的《三八节有感》《在医院中》等作品对革命政权和队伍的批评而导致革命者身份危机。颜海平认为,这是丁玲作为一个极其具有革命想象力和革命激情的文学家的必然遭遇。因为丁玲在作品中表现出来一种拒绝,丁玲质疑"现代种族和族裔研究范畴,以及将这种范畴自然化、天然化、固然化"③。这种文学质疑非常激进,具有强烈的超越性,具有巨大的风险性。这导致在当今的人们看来是不正常、不现实的。换而言之,丁玲的这些作品虽然有助于"扩大革命想象和实践空间,但是

① Yan Haiping. *Chinese Women Writers and the Feminist Imagination*,1905 –1948 [M]. Mark Selden, ed. London:Routledge, 2006:212.

② Yan Haiping. *Chinese Women Writers and the Feminist Imagination*,1905 –1948 [M]. Mark Selden, ed. London:Routledge, 2006:212.

③ Yan Haiping. *Chinese Women Writers and the Feminist Imagination*,1905 –1948 [M]. Mark Selden, ed. London:Routledge, 2006:212.

这种激进的、理想化的革命想象和要求不可避免会面临巨大风险和错综复杂的后果";①尤其当这个能动主体是一个生理意义上的女性时,这种风险会成倍增加。颜海平认为,在延安政治风浪中的丁玲在生活和创作上进行了多重抗争。丁玲积极参加各种具体工作,发表了短篇小说《我在霞村的时候》。在颜海平眼里,压力和抗争使丁玲的基本身份和身份重心随之发生了改变,"从一个有政治激情的女作家转变成了一个继续从事文学创作的政治人物"。②颜海平非常欣赏丁玲在高压之下仍保持了强烈的创造力,称丁玲是异常"能动的主体","丁玲因此成为 20 世纪中国和中国革命最重要的女作家,同时也成为中国革命饱受质疑和争议的疑难问题的典型案例"。③ 相比之下,那些质疑丁玲革命身份的人还需要挣脱禁锢他们思维和想象力的所谓"历史常态",他们只有有效地践行"自我转换",才能理解、实现丁玲意义上的革命要求。

(三) 难以言说的革命女性

丁玲创作的诸如贞贞、陆萍、黑妮、杜晚香等革命女性为研究者留下了阐释难题。夏济安在《黑暗的闸门》中颇为详细地分析了《新的信念》和《我在霞村的时候》。他以为两部作品的表现主题相同,即"日军强暴中国妇女,打倒日本帝国主义"。④ 这种主题在抗战时期很常见,延安和重庆的不少作家在创作中反复表达这一主题以激发民众的抗日情绪,但是夏济安认为丁玲的写法独树一帜。对此,夏济安不吝对丁玲的赞赏,彻底改变了他最初对早期丁玲的

① Yan Haiping. *Chinese Women Writers and the Feminist Imagination*, 1905 – 1948 [M]. Mark Selden, ed. London: Routledge, 2006: 212.

② Yan Haiping. *Chinese Women Writers and the Feminist Imagination*, 1905 – 1948 [M]. Mark Selden, ed. London: Routledge, 2006: 212.

③ Yan Haiping. *Chinese Women Writers and the Feminist Imagination*, 1905 – 1948 [M]. Mark Selden, ed. London: Routledge, 2006: 212.

④ 夏济安.黑暗的闸门:中国左翼文学运动研究[M].万芷均,陈琦,裴凡慧,等译.香港:香港中文大学出版社,2016: 226.

批评态度。夏济安认为虽然早期丁玲比胡也频稍微成熟一点,但是仍属于不成熟的作家,因为在夏济安看来"成熟意味着一名作家可以从多个角度看待事物,能够让经验和理想获得平衡,即使在最高尚的行为中也洞见人性的弱点"。[1] 正是按照这个"成熟作家"之标准,夏济安认为《新的信念》和《我在霞村的时候》充分体现了女作家丁玲之成熟,因为丁玲冷静地从多个角度展示了贞贞和老太婆的痛苦根源,达到一种暂时的文学表现平衡。丁玲既展示了女性为民族为国家牺牲的高尚,也表现了女性因此而遭受的巨大痛苦。更为关键的是这巨大的痛苦不仅来自敌人,也来自在她们为之奋斗、牺牲的当时中国普通民众的精神上的落后。从某种意义上,这些民众的劣根性也许造成对贞贞们更为严重的伤害。这两个作品相比,夏济安显然更为欣赏《我在霞村的时候》。虽然《新的信念》与《我在霞村的时候》主题相同,但夏济安对《新的信念》持有保留态度。在夏济安看来,《新的信念》是一个"病态而震撼的故事"。因为他以为被日军强暴后的农村老妇人自己不断向别人讲述自己的遭遇和目睹的惨状本身便是一件非常"骇人"之事,但文中仍将老妇人化为抗日的宣传大使。夏济安认为这是非常可怕和不人道的,他简短又意味深长地提到这种创作"对丁玲个人或许也有重大的意义"。[2] 夏济安此话或许是指向丁玲南京被关押三年之事,暗指了作为女革命作家、女革命者的丁玲自身与中国革命的复杂微妙关系。在这个意义上,夏济安相信老太婆的经历成为遭受过南京三年软禁的丁玲命运的文学表征。

总之,夏济安对丁玲的评价已经发生了全面改变,由批评变为盛赞。这折射出夏济安富有原创性的文学鉴赏和学术判断力。要

[1] 夏济安.黑暗的闸门:中国左翼文学运动研究[M].万芷均,陈琦,裴凡慧,等译.香港:香港中文大学出版社,2016:160.
[2] 夏济安.黑暗的闸门:中国左翼文学运动研究[M].万芷均,陈琦,裴凡慧,等译.香港:香港中文大学出版社,2016:225.

特别指出的是,夏济安认为《新的信念》《我在霞村的时候》"这两个作品在创作之初也许有宣传的目的。但是时隔几十年后,这些作品更加耐人回味"。① 夏济安的这个判断本身也会让研究者产生诸多回味和思索,即文学的政治性与艺术性的含义是什么,二者是什么关系,丁玲这两个作品为何潜藏着一种魅力和奥秘。

王德威是美国的中国现代文学研究的重要人物,他专注于研究中国现代文学的现代性问题,并没有对丁玲进行相对系统的研究。但王德威对《我在霞村的时候》有着特别的学术兴趣,专门写了评论文章《做了女人真倒霉——丁玲的霞村经验》。

王德威明确指出丁玲文学中女性与政治(革命)具有某种复杂关系。王德威开始使用"女性主义"这个理论术语来概括丁玲的创作特色,这表明了英语学界中出现了系统化的女性主义理论以及丁玲研究的女性主义转向。王德威认为丁玲所拥有的女性主义维度使之成为中国现代文学现代性研究维度上一个极其有价值的范例,丁玲的文学创作及其人生遭遇都成为中国文学现代性的复杂表征与隐喻,"丁玲以及小说对女性身体社会地位及意识的体验是研究女性与政治的绝佳素材"。② 王德威首先承认《我在霞村的时候》这部小说具有一种"动人力量",具有鲜明的女性主义信息。接着王德威提出了《霞村》具有一种复杂性和所谓的"挑衅性"。因为中国传统文化往往将女性以及她们的身体进行某种简单的神话,人们对女性及其身体与民族国家之间的复杂关系往往视而不见,秘而不宣,否认其中或明或暗、或隐或现的冲突与矛盾。然而《霞村》却从"根本上动摇了传统文化论述所视为当然的那套女性神话",把女性与国家、政治、革命的复杂矛盾关系充分地展现了出

① 夏济安.黑暗的闸门:中国左翼文学运动研究[M].万芷均,陈琦,裴凡慧,等译.香港:香港中文大学出版社,2016:226.
② 王德威.小说中国:晚晴到当代的中文小说[M].台北:麦田城邦文化出版,2012:327.

来。为此,王德威把贞贞和赛金花进行了对比,认为丁玲突破了传统文化中的"女性神话",没有把贞贞创作成另外一个赛金花。丁玲突破男性中心叙述传统,革命性地在贞贞身上细腻地表现了"道德、政治与性问题的错综关系"。 值得特别指出的是,王德威关注到《我在霞村的时候》中叙述者"我"的存在。他以为除了贞贞外,叙述者"我"同样是关键人物。"虽然我的身体已经复原了",但"因为政治部太嘈杂","我"被"送到邻村去暂住",王德威敏锐地察觉了"我"与贞贞间有一种休戚与共的关系。"我"到底是谁呢? 王德威含蓄地指出"我"就是另一个贞贞。王德威认为丁玲的"霞村故事",挑衅了中国传统文化对女性的态度,意味着丁玲对女性问题的深刻的思考和探索。

梅仪慈认为贞贞所遭受的压迫和苦难具有鲜明的女性特征和性别意义。她说:"在《我在霞村的时候》中贞贞所受的苦难是只有妇女才完全'配受'的。"[2]贞贞的苦难人生开始于包办婚姻。因为反抗、逃离包办婚姻而遭受日军的强暴,此后敌我双方都使用了贞贞这个"女性身体",然而贞贞为之奉献和牺牲的广大乡邻却因此鄙视、嫌弃她。梅仪慈以为小说提出了一个棘手的问题:革命妇女的这种特殊苦难是谁造成的? 一般认为"事实早已证明压迫妇女解放的是反动阶级,而不是一般的男性"。[3] 可是在贞贞痛苦的来源中,显然阶级压迫和中日民族矛盾无法构成完整而有说服力的原因,因为解放区或者说革命根据地的农民的鄙视也许是造成贞贞痛苦的更大原因。为何恰恰就是这样一个为民族利益参加革命的女性遭受了更大的痛苦? 这个问题确实难以回答。压迫妇女的力量不仅来自地主、资产阶级等压迫阶级,同样来自革命根据地

---

① 王德威.小说中国:晚晴到当代的中文小说[M].台北:麦田城邦文化出版,2012:330.
② 梅仪慈.丁玲的小说[M].沈昭锵,严锵,译.厦门:厦门大学出版社,1992.
③ 梅仪慈.丁玲的小说[M].沈昭锵,严锵,译.厦门:厦门大学出版社,1992.

的普通民众(有男有女)。如此而来,贞贞的苦难原因不能单纯地归于阶级和民族,在贞贞所归属的阶级和民族内仍有大量的人(既包括男性,也包括女性)是其苦难和痛苦的制造者、实施者。在这个意义上,阶级革命和民族革命也许不能彻底解决女性的苦难和痛苦。阶级革命、民族革命与女性革命的矛盾在贞贞的痛苦经历中浮出了地平线。丁玲的文学叙事批判不仅指向敌人,也指向了革命队伍的内部。

　　白露同样认为丁玲的文学叙事呈现了一种"麻烦的女性主体",丁玲对妇女坚持不懈的关注导致丁玲以及其笔下的女性均成为这种"麻烦的主体"。这种"麻烦的主体"具体表现为作为作家的丁玲总是会敏锐地感觉到社会现实生活中针对女性的特别压抑与迫害。即便到了革命圣地延安,丁玲仍发现革命根据地存在不少的妇女问题。丁玲总是在中日民族矛盾中、阶级矛盾中,在革命队伍和政权中察觉女性因为身为女性而遭受、承受的特别的苦难与痛苦。丁玲在小说叙事中总是"既拥护又批评国家的妇女政策"。[①] 一般的研究者都认同这样一个观点,即《在医院中》和《三八节有感》都鲜明地表现了丁玲叙事中对革命政权的批评。白露、梅仪慈都认为《新的信念》《我在霞村的时候》除了对革命根据地仍具有乡土中国的劣根性进行了明确批判外,对革命政权也有着轻微的批评。白露特别解读了《夜》,她认为丁玲在小说中提出了共产党应该肩负起提高落后妇女的觉悟之责任,而且这个主题在丁玲的创作中从来都没有消失过。即便 1942 年后丁玲接受了毛泽东的延安文艺座谈会讲话精神,这个主题也未改变。[②] 与此同时,

① Tani E. Barlow. *The Question of Women in Chinese Feminism* [M]. Inderpal Grewal, Caren Kaplan and Robyn Wiegman, ed. Durham: Duke University Press, 2004: 195.

② Tani E. Barlow. *The Question of Women in Chinese Feminism* [M]. Inderpal Grewal, Caren Kaplan and Robyn Wiegman, ed. Durham: Duke University Press, 2004: 195.

丁玲一直坚持"利用自己当时的生活环境和条件为妇女设计未来"。延安整风运动以后,丁玲非常集中地提出了一个问题:在革命队伍中的女性如何面对来自革命内部的压力?白露在《杜晚香》中寻找答案。虽然《杜晚香》在法国受到一定程度的欢迎,但美国学者对它的评价非常低。用艾勃的话来说,这个作品"堕落为一部只是沉溺于情感之中的作品",①杜晚香这位"毫无瑕疵的劳动英雄简直缺乏可信度",②不值得普通读者和研究者的关注。白露显然不同意艾勃的这个看法,她认为这部作品非常值得关注。这部小说描写杜晚香在难以想象的恶劣环境中,通过自己的勤劳工作得到同事、领导和组织的认同。白露认为在《杜晚香》中,丁玲对女性人格进行了重新定义:杜晚香这个"忍受着无法容忍的不公正"妇女呈现着"平凡而沉静的英雄品质",表现出了一种特别的力量。杜晚香表现了无产阶级化的、中华儿女的"人格",这个人格是共产主义信仰的必然结果。与此同时,白露在《杜晚香》中察觉、解读出了"一种奇怪的感伤情绪,其中夹杂着有意轻描淡写的批评"。③白露的特别察觉和解读可能应和了夏济安对左翼文学的评价。正如夏济安所说的"中共小说中的真英雄乃是作者本人",④白露显然将丁玲置于这种"真英雄"的道德和革命高度。在白露看来,经过北大荒十二年的艰苦生活,丁玲将自己看成是中国那些千千万万人当中的一员,并"始终如一地促使中国革命和共产党成为解放

---

① 艾勃.她确实应该得到充分的荣誉//中国丁玲研究会.二十世纪中国社会变革的多彩画卷——丁玲百年诞辰国际学术研讨会论文集[G].长沙:湖南文艺出版社,2004:102.

② 艾勃.她确实应该得到充分的荣誉//中国丁玲研究会.二十世纪中国社会变革的多彩画卷——丁玲百年诞辰国际学术研讨会论文集[G].长沙:湖南文艺出版社,2004:102.

③ Tani E. Barlow. *The Question of Women in Chinese Feminism* [M]. Interpal Grewal, Caren Kaplan and Robyn Wiegman, ed. Durham: Duke University Press, 2004:195.

④ 夏济安.黑暗的闸门:中国左翼文学运动研究[M].万芷均、陈琦,裴凡慧,等译.香港:香港中文大学出版社,2016:240.

的行动者",①这种"促使"意识会导致丁玲有意识或无意识地在其文学叙事中呈现种种对现实的意见和"批评"。

刘剑梅则认为丁玲处理女性恋爱与革命的方式有一个转变的过程。首先,早期丁玲是表现女性主体性的先锋,敢于表现新女性因为革命而遭受的爱情痛苦,批评革命对女性主体性的压制。在对《韦护》的具体解读中,刘剑梅认为丁玲个人真实生活以及其创作中都表现了新女性在同时面对革命与爱情时的矛盾与彷徨。在她的阐释中,所谓"新女性"是已经得到了解放的女性,她们摆脱了传统家庭的控制与束缚,接受了良好的教育,在上海、北京等现代大都市独立生活。有些遗憾的是刘剑梅没有令人信服地解释这些解放了的女性为何还与中国当时的社会革命发生关联,她只用了"女性的解放与被压迫阶级的解放是等同的"这样一个简单判断来总结女性参加阶级革命和民族革命的必然性和合法性。刘剑梅关注的是丁玲笔下的新女性在革命与爱情两难选择中的矛盾,她认为丁玲最初极力维护新女性的"独立精神和主体性",所以当时丁玲笔下的女性主体认同与其阶级意识之间存在不可调和的矛盾,革命和革命中的男性都背叛了女性,但是1931年以后的丁玲文学创作姿态发生了显著的变化。在《一九三○年春上海》(之一、之二)中丁玲肯定投身群众革命运动的美琳,否定拒绝大众革命运动的玛丽,丁玲开始与最初鲜明的新女性立场划清界限。丁玲从此为了革命纪律,开始牺牲新女性,"在新女性与大众的冲突中,丁玲最终站在大众即站在革命意识形态的一边,通过放弃她自身的主体性,臣服于政治"。②刘剑梅一方面批评丁玲在1931年以后丧失了最初的新女性立场,同时她也借用夏济安的说法"借助丁玲的

① Tani E. Barlow. *The Question of Women in Chinese Feminism* [M]. Inderpal Grewal, Caren Kaplan and Robyn Wiegman, ed. Durham: Duke University Press, 2004: 174.

② Yan Haiping. *Chinese Women Writers and the Feminist Imagination*, 1905–1948 [M]. Mark Selden, ed. London: Routledge, 2006: 202.

保留,你至少可以看到一个不革命的人生活中的美丽、问题和意义"来指认 1931 年以后的丁玲也还残留着的新女性的立场。对于贞贞,刘剑梅显然非常应和、赞同王德威的观点,即女性与阶级、民族具有复杂关系。刘剑梅认为丁玲固执地坚持女性主义立场,在《我在霞村的时候》这篇小说中,女性意识是革命话语的组成部分,同时与之也有着矛盾。贞贞的遭遇"暴露了控制女性身体的多种权力之间的冲突"。[1]

三、本 章 小 结

"革命"应该是人类社会中出现的一个最为复杂的范畴和概念,对于 20 世纪以来的中国更是如此。"革命"这个词语似乎具有一种天然的"正义性"。在西方思想文化传统中,革命是实现正义和恢复秩序的行为。革命意味着发泄不满,意味着要求改变现状实现社会变革。亚里士多德指出:"有些人看到和他们相等的他人占着便宜,心中就充满了不平情绪,企图同样达到平等的境界。"[2]亚里士多德认为被压迫的人们为了平等而要求革命,革命的中心问题是权力斗争和权力转移。爱德华·海德认为,革命是获取理想政治秩序的途径。美国政治家杰克·A. 戈德斯通认为,革命就是"不同集团,其中包括前政府,都力争使自己成为中央权力"。20世纪 90 年代以来,"革命"的正义性在包括中国在内的全球范围内受到质疑,一种批判革命和否定革命的声音出现了。1995 年《告别革命:回望 20 世纪中国》在香港出版。该论调提出"不能盲目崇拜革命,因为不是任何革命行动都是好的。包括法国大革命、辛

---

[1]　Yan Haiping. *Chinese Women Writers and the Feminist Imagination*,1905 -1948 [M]. Mark Selden, ed. London: Routledge, 2006: 202.

[2]　亚里士多德.政治学[M].北京:商务印书馆,1965:236.

亥革命等等,都值得重新研究和评价"。这种观点招来了广泛而激烈的质疑、争论和批判。

"革命"是丁玲研究中出现的最关键话语,不管分析丁玲哪个具体方面都会与"革命"发生不可回避的某种意义上的连接。在本研究中,"革命"内涵至少存在既区别又关联的三个维度。第一个维度是对现存社会秩序与结构不满而导致的叛逆和反抗行为(往往是具有先锋意义的个人行为)。第二个维度是指20世纪中国现实发生的社会革命。第三个维度是女性主义意义上的革命想象与要求。如果人们承认"想象力逃脱不了性别特征的潜意识结构与束缚,它同置身于社会、历史和性别的自我密切相连",①那么女性的革命想象与要求具有性别的特殊性。换言之,革命是有性别区分的。复杂之处在于这三个不同维度的革命内涵既有重叠和关联之处,也有不可化约的差异。美国研究者在阐释、解读革命者和革命女作家丁玲的过程中,经常会"混用"这三个内涵,形成某种程度上"词语误用"(白露语)。

笔者在解读美国丁玲研究时也会不可避免地在一定程度上"混用"这三个革命内涵。具体来说,在第二章论及丁玲的情爱书写时,笔者认为新女性追求自由恋爱权利本身是一种个体化的革命行为,丁玲创作此类作品的这种文学行为同时具有文学、性别和社会三个领域中的革命性。此处的"革命性"更多是为了表征新女性、丁玲突破传统的叛逆或创新性的个人行为。在分析丁玲为女性探寻超越情爱困境时提出的参加革命工作,则指向当时现实中的中国社会革命。本章和后面的章节中的"革命"主要指中国共产党领导的20世纪中国现代社会革命。白露、颜海平更多是从女性角度来考察丁玲与革命的关系,这两位学者意义上的革命与共产党领导的现实革命既有吻合之处,也有矛盾之处。

---

① 罗婷等著.女性主义文学批评在西方与中国[M].北京:中国社会科学出版社,2004:73.

美国研究者以女作家、革命女作家和革命者丁玲为典型案例，解读女性革命作家、女性革命者与革命的复杂关系。第一，女性是否需要革命。女性与革命似乎有着一种必然的、天然的联系。因为女性在中西传统的社会结构和社会秩序中因为性别而被压迫。法国作家热内认为"性"是人与人之间最根本的关系，其他关系是从性关系中衍生出来并经过苦心经营的关系，前者是后者的核心模式。热内认为在人类制度化了的不平等关系中，男女两性关系受到最无可挽回的毒化，并是这一不平等的原型。米利特指出"如果革命不去触动剥削和压迫的基本形式——两性之间的剥削和压迫，那么，任何形式的革命就只能是徒劳"。① 第二，革命是否需要女性。梅仪慈、白露、颜海平都充分论证了以丁玲为代表的中国现代革命女性对中国革命的巨大意义和巨大贡献。白露具体论证了延安时期女性被共产党强调为重要的生产劳动力，动员延安农村妇女参加生产是当时妇女政策的核心任务。第三，女性是否具有革命的能力。对于白露、颜海平这样的女性主义研究者来说，她们不仅认为女性具有革命的潜能，而且女性的这种潜能一旦得到释放的机会和舞台，女性的革命能量甚至会超过男性。这种观点具有"颠覆男性优越论这一千古神话的目的"②。第四，女性的革命想象具有超越性。在白露、颜海平的阐释中，丁玲等女革命工作者的革命想象不仅具有性别维度，同时还具有民族、国家维度，最终指向了广阔的人文关怀和博爱的人类意识。第五，丁玲等革命女性与中国现代革命呈现一种微妙复杂的关系。如前所述，丁玲等革命女性的革命想象具有多个维度，性别是其中的基础性维度，这与阶级革命和民族国家独立富强为最主要内容的中国革命有着某种意义上的矛盾和冲突。女性这个范畴是为区分男女两性而出现的一个集体概念，女性的社会身份其实是多维度的，除了性别身份

---

① 凯特·米利特：性政治[M].宋文伟，译.南京：江苏人民出版社，2003：26.
② 罗婷.女性主义文学与欧美文学研究[M].北京：东方出版社，2002：31.

外,女性必然还有民族身份和阶级身份等诸多身份维度。所以,女性意义上的革命往往是多重革命的交织——性别革命、阶级革命和民族革命等多种社会革命的大综合和大混杂。现代中国从1930年代开始进入革命时代,丁玲本人及其文学作品都投入了这场革命当中。这场中国现代革命主要内容是阶级革命和抗日民族革命。女性所希望的性别革命虽取得一定的成效,但尚未被广大民众广泛接受,没有成为革命的主体内容。

　　最为重要的是,除了颜海平,丁玲的美国研究者都对当时的中国革命怀有明显的意识形态偏见,这导致他们对丁玲的革命转向和革命文学有着诸多比较激烈的批评,认为丁玲的不少革命文学作品如《水》《法网》《太阳照在桑干河上》等同于一种政治宣传,因此其小说的文学性、艺术性受到很大的损害。与此同时,这些研究者察觉了丁玲与中国现代革命的某种矛盾,在《新的信念》《我在霞村的时候》《在医院中》等作品中具体呈现了这种龃龉。丁玲的革命女性因为同时要求性别意义上的革命而与现实阶级革命、民族革命之间存在某种龃龉,贞贞、陆萍、黑妮等诸多革命女性成为复杂的难以言说的文学女性形象。颜海平是对中国革命、丁玲的革命想象和要求表现出最大尊重和崇敬的研究者,她在阐释中拒绝、质疑、抗议了全球学术界中表现出的"告别革命"的社会文化思潮。

第四章　政治性与文学性的纷争

丁玲作品"政治性与文学性的纷争"包含着古今中外文学界中一个非常重要的研究命题与范畴，即作家（文学）与政治（革命）的关系。西方学术界对这个命题的讨论和探索从来没有停止过，是一个经典的命题。有学者认为文学艺术与政治有着天然的联系，有学者认为文学艺术应该远离政治。美国的丁玲研究者对这个命题的看法直接影响了其对丁玲的阐释。

一、传统政治与艺术角力中的丁玲解读

20世纪20年代至50年代，新批评是美国最有影响力的文学批评流派。新批评把文学视为一个自足自律的实体，强调文学的自主性与独立性。夏志清、夏济安、布乔治、梅仪慈等研究者都明显受到新批评理论的影响。

（一）丁玲作品是"宣传的滥调"

夏志清对丁玲生活和创作均有诸多批评，其中最为集中、影响最大的一点是他将丁玲的创作以1931年为界分为前后两期。夏志清认为1931年后丁玲开始的"无产阶级小说创作"沦为革命和

政治的宣传,她前期创作中"这一点微带虚无主义色彩的坦诚态度也丧失了。剩下来的,只是宣传上的滥调",①丁玲作品的文学艺术性因此受到严重伤害,《水》和《太阳照在桑干河上》这两个作品就是典型例子。

夏志清借韩侍桁的《论沙汀》的论述对包括丁玲在内所谓"社会主义写实小说"(早期左翼文学)提出了尖锐的批判。"于是在他的作品里,不但没有个人生活的干骼,就连个性的人物都没有,而且他也没有像样的小说中所取用的材料——即以某一事作为中心的故事的发展——而只有社会的表面的观察。"

夏志清认为丁玲的《水》这部作品是一个极端紊乱的故事,小说中的人物"都是成群成伙的,一群兵士或一群难民,一群小商人或一群贫农,一群压迫者或一群被压迫的人,他们像走马灯似的,来了又去了,我们不能记忆住他们,我们捉不到他们的个性。他们虽有行动和言语,虽然其行动或言语的本身是真实的,然而那个不是个别人物的行动或谈话,都是些'集体之无个性的一般化'之例。那言语,那行动,是不能做成一种完整的艺术的有意义的部分。"夏志清给予《水》甚低的评价,而且批评用语非常尖酸刻薄。例如他说:"《水》是一篇极端紊乱的故事,手法笨拙不堪。作者的声誉,即使在非左倾作家的圈子里面,也是相当高的,我们奇怪的是,那个时代的趣味怎么能够容忍这一类文艺上的欺骗?"②

虽然夏志清承认《水》的主题具有悲剧意义和人性价值,但是因为丁玲创作主观意图是为了宣传马克思主义,所以在《水》这部小说中,"丁玲明显地忘记了在灾荒下灾民的心理状态。对于生理、心理及社会实况的盲目无知,是共产主义作家的一个基本的弱点,虽然,按理来说,这些作家实无理由对现实这样隔阂。也许,这类作家由于对马克思主义过于简单的公式化的信仰,使他们的头

①　夏志清.中国现代小说史[M].刘绍铭,等译.上海:复旦大学出版社,2005:191.
②　夏志清.中国现代小说史[M].刘绍铭,等译.上海:复旦大学出版社,2005:192.

脑陷于抽象的概念,而对人类生存的具体存在现象,不能发生很大的兴趣"。① 夏志清认定丁玲是共产主义文学的中流砥柱,因为他认为《水》成为20世纪30年代无产阶级小说的范本,而其他共产主义小说"几乎都是《水》的翻版"。② 深受新批评影响的夏志清尖锐批判了丁玲小说的语言文字表达。虽然夏志清不欣赏蒋光慈、郭沫若的文学创作,但是他认为:"作为一个小说家,丁玲比蒋光慈及郭沫若都不如。蒋光慈与郭沫若虽然浅薄,但文字尚算干净。丁玲是属于黄庐隐这一类早期女作家群,她们连一段规矩的中文也写不出来。……《水》的文字是一种装模作样的文字。"③

夏志清对丁玲的《太阳照在桑干河上》同样评价不高。他在《中国现代小说史》中首先非常简单地介绍了《太阳照在桑河上》的主要情节和内容,然后用很长篇幅引用了小说结尾中翻身农民批斗地主钱文贵的文字,借以暴露、抨击土改中的"血腥""恐怖"和"不人道",可见夏志清的立场。夏志清特别提出了丁玲在这其中表现出来的某种"真实"和土改政策宣传技巧。在夏志清这种充满强烈意识形态情绪的研究中,所谓"客观的""优美作品"的发现也许难以实现,他对丁玲的种种评价也可以得到解释。夏志清认为丁玲虽然主观上非常认真,但是《太阳照在桑河上》仍然"是一本枯燥无味的书"。④ 他视其为一本社会学资料,从而否认了作品的文学性和艺术性。

当然,夏志清对《太阳照在桑河上》给予了他自己宣称的"并非奉承的称赞"。⑤ 夏志清认为在全书整体单调无味的写作中尚存在一些精彩片段,比如侯忠全不肯接受土改分给他的土地、任国忠

① 夏志清.中国现代小说史[M].刘绍铭,等译.上海:复旦大学出版社,2005:193-194.
② 夏志清.中国现代小说史[M].刘绍铭,等译.上海:复旦大学出版社,2005:194.
③ 夏志清.中国现代小说史[M].刘绍铭,等译.上海:复旦大学出版社,2005:192.
④ 夏志清.中国现代小说史[M].刘绍铭,等译.上海:复旦大学出版社,2005:311.
⑤ 夏志清.中国现代小说史[M].刘绍铭,等译.上海:复旦大学出版社,2005:311.

对革命的不满以及革命干部到村里后社会关系的转变,特别是钱文贵和其老婆对程仁态度的转变等描写片段。

总之,夏志清认为丁玲 1931 年后的创作是一种政治宣传,激烈抨击丁玲这种文学创作的政治性对文学的艺术性造成了严重损伤。夏志清的这种论调对后来美国的丁玲研究与接受产生了极大的影响,在很长一段时间内成为美国丁玲研究的"定论"。

(二) 丁玲是批评现存社会秩序的作家

布乔治认为丁玲创作具有强烈的现实政治性,并对这种现实政治性的由来进行了挖掘。布乔治指出青少年时期的丁玲就表现出强烈的社会思想,即她深切同情"弱者",批判现存的社会结构和秩序,呼唤社会变革和革命,以建立更公平、更正义的社会。正是这种思想把丁玲推向了中国共产党领导的中国革命。总之,丁玲经历了 20 世纪上半叶发生在中国的重大社会、政治和经济发展阶段,她是劳苦大众,尤其妇女更大权利的主要倡导者。在这个意义上,布乔治认为丁玲文学作品不仅仅是她个人生活和经历的反映,而是"社会生活的反映",具有鲜明的社会意义。

在布乔治的解读中,丁玲最初是无政府主义者和个人主义者,后来丁玲受到瞿秋白、胡也频为代表的左翼革命者、作家的影响,成为马克思主义者。丁玲的创作因此从个性描写转向政治,并在文学创作中采取了革命功利主义的态度和手法。《田家冲》是丁玲革命小说的重要进展,她在作品中第一次具体描写了实际革命工作。《一天》《法网》《奔》等作品都是丁玲革命写作的具体作品。《水》标志着丁玲彻底成为一个革命作家。布乔治提炼了丁玲这一时期《田家冲》《一天》《法网》《奔》《水》等作品的共同主题。虽然这些作品人物、情节、背景都不一样,但却拥有相似的叙事逻辑和主旨。作品首先详细表现了当时中国社会底层的劳苦大众正过着难以忍受的贫困和悲惨生活,由此激烈批判、抨击现存社会秩序。然后这些底层大众在革命知识分子的唤醒下或在悲惨生活中自我觉醒，获得革命意识和觉悟，寄寓了社会变革和社会革命的合法性以及它们正在酝酿并即将到来。总之，丁玲在上海阶段的革命文学不仅是革命的，而且高度政治化，为中国社会变革和革命的合法性和必然性贡献了文学呈现和文学证明。丁玲努力用文学这个载体和杠杆来推动中国社会的变革和前进，自然丁玲以及其他左翼作家的批判性作品引发了国民党当局的强烈不满。1932年秋天，国民党政府大肆镇压左翼文学运动，作家、出版者和读者常常遭到逮捕，作家时常有生命危险。

布乔治指出，从创作《田家冲》开始一直到1940年丁玲的革命文学已经创作了长达十年时间。不管是在上海还是在延安，丁玲为革命服务得很好，一直在贯彻执行中国共产党的纲领，她的目标始终是用文学来推动中国的社会进步和革命。丁玲作品都具有教育意义，有力地促进、支持了共产主义和中国共产党的宣传与政策。

与此同时，布乔治也肯定了丁玲具有作家的某种独立性。这种独立性具体表现在三个领域。第一是文学作品与宣传品的关系。不同于"为艺术而艺术"的作家，也不同于很多左翼作家，丁玲认为，文学或者说革命文学和优秀文学必须具有教育意义，必须对革命有价值，必须推动革命的发展。丁玲的确在文学观念和文学实践中坚持了所谓"革命功利主义"，但是她同时坚持对宣传品和文学作品二者进行区分。虽然丁玲怀疑过文学的作用，但她越来越相信文学作品的优越性，坚持"文学创作比一般收集事实，得到印象，然后写下来的事更复杂，更深刻得多，这是受过培养的有才能的人凝聚个人创作冲动的结果。这不是每一个人都可以做的事情，这是一个特殊的事情"。① 第二个独立性表现在妇女问题上。在布乔治看来，青少年时代的丁玲便表现出改善妇女地位和

① 加里·约翰·布乔治.丁玲的早期生活与文学创作(一九二七——一九四二)//孙瑞珍，王中忱.丁玲研究在国外[G].长沙：湖南人民出版社，1985：171.

生存环境的志向和热情。丁玲一生不忘初心，始终都在为妇女权利而写作和呼吁。关于妇女的社会地位、家庭地位以及妇女的潜能，丁玲与很多人的观念相异，所以布乔治认为丁玲不是机器人，她对妇女的权益有着自己独立的看法和判断。第三，布乔治认为丁玲在 1942 年以前坚持了文学创作的批判性。因为丁玲认为"暴露社会问题是消灭它的弊病的一种有效的方法"，①所以她在上海时期的《田家冲》《奔》《水》等作品都对国民党统治区的黑暗进行了揭露和批判。到延安几年后，丁玲也发现了一些阴暗面，于是在文学叙事中也进行了批判。《我在霞村的时候》《在医院中》也对延安革命政权存在某种程度上的批评。

布乔治是美国第一个对丁玲作品的艺术性进行翔实分析的研究者。布乔治不欣赏丁玲延安的早期作品，他把这些作品等同于纯粹的政治宣传。除此之外，布乔治对丁玲的文学作品的艺术性有着自己的辩证态度和分析。布乔治认为丁玲从观念上来说重视文学的艺术性。在布乔治看来，丁玲不是"为艺术而艺术"的作家，也不是所谓唯美的作家，她写作的主要目的是表达某种特定的思想和观念，所以丁玲的作品精华是其思想性。正是因为如此，丁玲将写作看作一件非常严肃的事情，需要作家全身心的投入。也正是因为如此，丁玲在关注写作思想性的同时，也关注文学的艺术性。

作为 20 世纪 70 年代的研究者，布乔治在丁玲研究中呈现出一种那个时期特有的"理论朴素"。布乔治明确提到他是根据韦勒克和沃伦在《文学原理》中提出的衡量作品文学价值的三个基本标准（多样性、复杂性和一致性）进行了分析。布乔治对丁玲作品有着明显的批评，认为丁玲作品中的人物、情节和叙述者缺乏多样性和复杂性。丁玲的人物局限于单身女青年，或者农民或者工人，不

---

① 　加里·约翰·布乔治.丁玲的早期生活与文学创作（一九二七——一九四二）//孙瑞珍，王中忱.丁玲研究在国外[G].长沙：湖南人民出版社，1985：167.

如沈从文和老舍笔下的文学人物那样丰富多样。丁玲长篇小说人物的心理和精神描绘出色,但是短篇小说中的人物就相对逊色多了,其人物发展完全个人化。情节同样简单化,每篇作品发生的原因单一且保持不变。最后,丁玲过于依赖全能的叙述者,这个叙述者在作品中占到了绝对的主导地位,推动着情节单线条地发展。

在批评的同时,布乔治也赞扬了丁玲的艺术特长。布乔治认为丁玲在人物刻画、情节发展和自然景物三个方面表现出了才能和独特性,使其写作具有一定的艺术水平。布乔治用梦珂等人物第一次出场的具体表现来说明丁玲"常用更复杂、非直接的办法,通过人物的思想、行动、语气和环境来揭示人物的显著特征"。①布乔治再次将丁玲与鲁迅进行了比较。不同于鲁迅写作中很少进行景物描写,丁玲擅长写景物,而且成功地唤起了读者的共鸣,取得良好的艺术感染力。丁玲作品中存在大量对天空、月亮、草木、花卉等自然环境的描写,这些描写有效避免了写作的平铺直叙。更重要的是,"这些创作要素不仅对她的作品一致性是一个贡献,而且也大大地增添了她的作品中的复杂性和多样性"。②布乔治总结了丁玲对自然景物的描写和效果。丁玲的自然景物描写不仅是环境描写,更成为一种比喻、象征,寄寓了其写作主题、情节和人物的思想感情变化和发展,丁玲作品因此显得动人,增加了艺术感染力。虽然,丁玲的少数景物描写存在一些瑕疵,但是从整体上来说,出色的景物描写增加了丁玲小说的生动和鲜明,弥补了其说教性比较强的缺点,增加了作品的艺术美感。这使丁玲"得到和保持作为一个作家的地位"。③

---

① 加里·约翰·布乔治.丁玲的早期生活与文学创作(一九二七—一九四二)//孙瑞珍,王中忱.丁玲研究在国外[G].长沙:湖南人民出版社,1985:151.
② 加里·约翰·布乔治.丁玲的早期生活与文学创作(一九二七—一九四二)//孙瑞珍,王中忱.丁玲研究在国外[G].长沙:湖南人民出版社,1985:152.
③ 加里·约翰·布乔治.丁玲的早期生活与文学创作(一九二七—一九四二)//孙瑞珍,王中忱.丁玲研究在国外[G].长沙:湖南人民出版社,1985:158.

在评价丁玲文学艺术性的得失时,布乔治表现了一个学者的谦逊、独立和开放性。布乔治首先明确批驳了夏志清对丁玲的评价。布乔治认为夏志清"简直把她作为一个坏作家来描写",①他以为夏志清的观点过于片面。布乔治坚信丁玲虽然有些政治性很强、类似于宣传品的作品,但是在很多小说中,丁玲充分表现了一个作家的文学技巧,而且在发表之初就得到了当时评论者的承认和称赞。布乔治认为丁玲无疑堪称是"中国最有才华的现代女作家,在中国现代的文坛上占有着重要的地位"。② 最后,布乔治对丁玲在世界文坛和文学史地位的评价采取一种开放性姿态,认为丁玲作品的艺术性得失尚未最终确定。

(三) 丁玲是具有社会使命感的作家

关于丁玲作品政治性与艺术性的纷争,梅仪慈首先批判了夏志清创造的丁玲"二分法",即把丁玲创作分为早、晚两个时期,认为丁玲早期创作因为没有受到政治的影响而艺术性较强,但是其晚期作品受到了政治的制约,导致作家丁玲的文学才华和作品艺术性受到损伤而明显减弱。梅仪慈质疑这种文学评价逻辑的合理性。在梅仪慈看来,作家的成熟显然需要一个过程。即便丁玲的确具有惊人的文学才华,但她投身革命和政治活动时还是"一个年轻且不成熟的艺术家",③所以人们不能轻易判断丁玲早期小说就已经达到了"登峰造极的境地"。④

梅仪慈大部分观点都是布乔治观点的延伸,即承认丁玲的作品受到地缘政治的影响,又坚持丁玲在某种程度上突破了地缘政

---

① 加里·约翰·布乔治.丁玲的早期生活与文学创作(一九二七—一九四二)//孙瑞珍,王中忱.丁玲研究在国外[G].长沙:湖南人民出版社,1985:168.
② 加里·约翰·布乔治.丁玲的早期生活与文学创作(一九二七—一九四二)//孙瑞珍,王中忱.丁玲研究在国外[G].长沙:湖南人民出版社,1985:170.
③ 梅仪慈.丁玲的小说[M].沈昭锵,严锋,译.厦门:厦门大学出版社,1992:6.
④ 梅仪慈.丁玲的小说[M].沈昭锵,严锋,译.厦门:厦门大学出版社,1992:6.

治的制约并呈现出某种程度上的艺术性。梅仪慈一方面声称自己的研究搁置丁玲作品"美学水平与政治约束关系那个复杂的问题"，①而是去挖掘丁玲作为小说家的文学创作成就。另一方面她承认在丁玲的作品中"政治永远是一种明显的起着主导作用的因素"，②而且丁玲的独特"正在于她对政治影响所作的反应如何在她的作品里显示出来"。③ 梅仪慈认为 1930 年后丁玲的创作基本上都肩负着政治使命。在丁玲作品中每一个细节都被作者仔细选择、运用，这些被作家有意识地选择过的细节都在表明"这是即将改变或正在改变中的现实"。同样是写女性在婚姻中的悲惨命运，《阿毛姑娘》与《法网》的表现手法就迥然不同，人物性格、主题和环境描写都相去甚远。如果说在阿毛的悲惨命运中阿毛她自己也需要承担部分责任，而《法网》中阿桂的悲惨命运则全部且单纯是周围环境所造成的。《奔》的人物、情节、景物描写无不都在暗示、象征、隐喻着"只有对现存世界进行彻底改造才是一条真正的出路"④这样的创作主题和政治告示。

梅仪慈概括了丁玲到延安后的创作模式，即"内容必然是悲哀心酸，但她总是给小说安排一个较乐观和带希望的结局，她认为文学有责任以积极的鼓动来支持群众的事业"。⑤ 比如《夜》和《在医院中》两部作品的标题暗示了小说所表达的"革命队伍中阴暗面"之主题，但同样暗示着作品指向毋庸置疑的光明前景。

梅仪慈认为《讲话》后中国共产党在文艺领域中确立了绝对的领导和权威地位。1944 年丁玲经过两年的思想改造或者说写作沉默期后重新开始写作，梅仪慈发现这时她的写作模式出现了明显的变化。曾经出现过的革命阴暗面不再是小说表现的主题和主

---

① 梅仪慈.丁玲的小说[M].沈昭锑，严锋，译.厦门：厦门大学出版社，1992：7.
② 梅仪慈.丁玲的小说[M].沈昭锑，严锋，译.厦门：厦门大学出版社，1992：7.
③ 梅仪慈.丁玲的小说[M].沈昭锑，严锋，译.厦门：厦门大学出版社，1992：7.
④ 梅仪慈.丁玲的小说[M].沈昭锑，严锋，译.厦门：厦门大学出版社，1992：109.
⑤ 梅仪慈.丁玲的小说[M].沈昭锑，严锋，译.厦门：厦门大学出版社，1992：162.

体,丁玲开始正面歌颂光明面,其笔下的人物不再具有复杂的心理和矛盾的个性表现,而是理想化的典型人物,梅仪慈认定"丁玲在献身党的革命事业过程中已越来越心甘情愿让自己的作品服从于这些准则"。① 这时的丁玲主动接受了延安文艺座谈会所规定的作家使命和文学任务,"甘心在革命队伍中里当一名为政治使命而写作的作家"。②

总之,梅仪慈认为 20 世纪 30 年代丁玲投身左翼文学和革命活动时,以及 1942 年后服从、遵守共产党的文艺政策时,丁玲的文学写作明显受到了外界的政治影响。其实梅仪慈的研究正表明丁玲作品的独特性,体现了政治对文学创作的影响。"写作上的许多表现,题材与主题的选择,人物的构思,结构与因果关系的安排,比喻与背景的使用,语言风格及文体的选用,还有叙述方式的确定,这些都反映出丁玲前后思想发展的过程,她在创作上出现的变化如同一生中她所遇到的一些重大事件一般。她所创作的那些文学作品,也从各个方面体现了中国现代作家在创作上所面临的一系列困难和挑战,因此,这部研究著作的重点是放在电影的小说,如何经历各个不同的发展阶段,以及他如何展示意识形态,影响创作实践的各种途径。"③梅仪慈不禁提出一个假设"如果丁玲的一生命运没有如此注定地要受制于政治事件,她的创作才华又会发展到什么样的地步?"④梅仪慈把这个假设称为幻想,她马上表现出学术研究的冷静,马上转向了历史现实,即历史没有给丁玲留下选择余地。这是因为丁玲自身不管在何种环境中,不管政治局面如何动荡,不管社会如何变革,总是坚持文学写作;她总是在遇到各种限制时,仍然坚持写作。梅仪慈认为正是在这个意义上,丁玲成

① 梅仪慈.丁玲的小说[M].沈昭锴,严锴,译.厦门:厦门大学出版社,1992:112.
② 梅仪慈.丁玲的小说[M].沈昭锴,严锴,译.厦门:厦门大学出版社,1992:168.
③ 梅仪慈.丁玲的小说[M].沈昭锴,严锴,译.厦门:厦门大学出版社,1992:162.
④ 梅仪慈.丁玲的小说[M].沈昭锴,严锴,译.厦门:厦门大学出版社,1992:162.

为一个具有示范价值的作家和研究对象。

中国和美国学界对丁玲早期的文风和文字表达都是持批评态度,研究者普遍认为即便丁玲作品与形象非常感人,但是丁玲的语言表达"拙劣、粗糙、直白"。历史上第一个丁玲评论者毅真开启了这样的评价传统。毅真1930年7月在《妇女杂志》上发表的《当代中国女作家论》一文中高度评价了丁玲的文学才华,但他集中批评了丁玲的文字表达,认为"作者的文字不熟练,有时写得颇不漂亮"。① 这个评价传统延续到夏志清、王德威,甚至布乔治也是这个观点的应和者。梅仪慈则扭转、颠覆这个主流的传统评价。她觉得《莎菲女士的日记》经常出现的词语,譬如但、尤、其实、反、偏、偏偏等把分句连接起来,表示了分句之间的复杂转折关系;而这正好准确、艺术化地呈现了莎菲自我矛盾、自我反省、自我挣扎的复杂撕裂心境。在梅仪慈眼中,莎菲不断失望,不断抱怨朋友们不理解她,不理解她的悲和喜。其实对于莎菲悲喜的缘由,她自己也说不清楚,自己对自己的矛盾状态也感到烦躁,没有耐心,这导致日记体的《莎菲女士的日记》必然会出现这种文字表达:"大量的句子和分句里反复出现第一人称代词或自身代词如:我、我的、自己。这便指明了莎菲的自我中心,并且与汉语语言习惯大相径庭。既长又复杂的从句结构也可以看成是一种欧化倾向。每个起形容作用的从句似乎是在尽量准确地反映她的真实性状态,由一些像又、还是、或是、但、而、连、更这样的连接词连接在一起,但这样的从句最后只是会引出一些似乎与前面情景互相矛盾或干脆否定前者的句子。这些句子在一起反映了人物曲折和起伏不定的内心活动。日记中使用的大量词汇,结果并不是让读者清楚地了解内容,而只是为了让人感到混沌迷茫,展现了一种绝境,莎菲描写自己写到不能提笔写不下去的地步。"②梅仪慈认为作者写作的主观意图并不是

---

① 袁良骏.丁玲研究资料[G].天津:天津人民出版社.1982:225.
② 梅仪慈.丁玲的小说[M].沈昭锵,严锵,译.厦门:厦门大学出版社,1992:76.

要清楚地表达莎菲痛苦的缘由，而只是在强化莎菲矛盾、撕裂的心态。这种写作手法可以有效地起到渲染作品情绪与氛围的独特作用。

与布乔治一样，梅仪慈也盛赞丁玲写作中出色的景物和自然环境描写。梅仪慈相信景物描写是丁玲小说最显著的特色和文学成就。她具体解读了《太阳照在桑干河上》中包括第 37 章《果树园闹腾起来了》在内的诸多相关描写，认为这些自然环境的描写"极其出色"，①丁玲笔下的景物都不仅仅只是单纯的景物描写，这些景物具有更多复杂的象征意蕴，是主题，是情节，是人物的心情和命运，并"与全书的主旨有机结合在一起"。②

梅仪慈在研究中反复强调了丁玲的作家身份，其专著《丁玲的小说》导言以"一位幸存的作家"为题，结束语以"对文学的责任感"为题，这说明梅仪慈关注的焦点始终是文学，始终是丁玲的作家身份及其文学创作。梅仪慈在研究和解读中把丁玲塑造成为一个具有高度责任感的作家形象。虽然梅仪慈讨论过丁玲对文学和作家社会作用的怀疑和动摇，但是她认为丁玲其实在内心深处对文学这种艺术形式有着高度认可。梅仪慈用丁玲 1953 年 9 月中国文学艺术工作者第二次代表大会上发表的题为《到群众中去落户》的讲话来说明丁玲对文学的强烈认同，即"文学创作是一种很复杂的劳动。文学是为了表现作家生活中感到的有意义的人和事，是作家表现自己长期生活的感情和生活的需要。作家们发现了真理，想传播、宣传这些真理而创作文学"。③

梅仪慈发现丁玲具有强烈的创作欲望和文学"野心"，即丁玲希望自己的作品能获得历史地位。梅仪慈在丁玲很多的创作讲话中挑选了其中两段话来表明自己的观点。"写出一本好书，不是马马虎虎的书，是要具有高度的思想性、艺术性的；不是只被自己欣

---

① 梅仪慈.丁玲的小说[M].沈昭锅，严锋，译.厦门：厦门大学出版社，1992：211.
② 梅仪慈.丁玲的小说[M].沈昭锅，严锋，译.厦门：厦门大学出版社，1992：211.
③ 梅仪慈.丁玲的小说[M].沈昭锅，严锋，译.厦门：厦门大学出版社，1992：225.

赏,或几个朋友赞美,而是要为千千万万的读者爱不释手反复推敲,永远印在人的心上,为人所乐于引用的书;不只是风行一时,而还要能留之后代的。"①梅仪慈从中看到了丁玲对作品艺术性的重视和对作品历史地位的要求。在"作家并不像孩子那样离不开保姆,而要独立成长。因为创作无论怎样领导,作品是通过个人来创作的"②这段话中,梅仪慈看到了丁玲对作家、文学独立性的认同和要求。即便梅仪慈注意到丁玲的种种努力,但是她仍对丁玲所希望的作品的历史地位表示了某种程度上的怀疑。在梅仪慈看来,一方面包括丁玲在内的"五四时期的青年作家挣脱了传统的束缚之后,却尚未有机会自由地进行他们在文学上的创新实验,以创造出一种新的传统,而不久他们就被卷入革命斗争的风暴。为了保存民族独立的战争,彻底革命的局面,把'超然'的文学变成像是一种可有可无的奢侈品,它也无法存在"。③梅仪慈显然应和了夏志清和夏济安的观点,即批评包括丁玲在内的五四作家没有受到长期且从容的写作训练,没有进一步锤炼好自己的创作能力便投身革命;故其文学质量难以得到保证。另一方面,梅仪慈认为如果文学创作只是为了表现当下的具体目标,文学作品的生命力难以持久。而1942年后丁玲小说正是"企图忠实地执行眼前政治任务"。梅仪慈的判断是丁玲的文学创作与现实地缘政治的距离似乎太近,所以其作品难以实现丁玲自我期待的文学成就和相应的历史地位。

梅仪慈进一步指出在诸多现代中国作家中,有些作家的选择与丁玲明显不同。这些作家在1942年以后逐渐放弃、停止了写作。梅仪慈认为这些作家的这种行为并不是因为害怕,而是因为他们此后对文学的性质和社会作用的认知陷入迷茫状态。他们发

①　梅仪慈.丁玲的小说[M].沈昭锵,严锴,译.厦门:厦门大学出版社,1992:226.
②　梅仪慈.丁玲的小说[M].沈昭锵,严锴,译.厦门:厦门大学出版社,1992:226.
③　梅仪慈.丁玲的小说[M].沈昭锵,严锴,译.厦门:厦门大学出版社,1992:229.

现自己无法写出符合地缘现实政治和意识形态所提倡、所要求、所规定的文学作品,他们不知道该怎么写,最后的结果就是他们主动放弃写作文学。丁玲显然不一样。丁玲的复杂性和独特意义都是因为其双重性,"丁玲在专心致志地进行文学创作的同时,又认真地对待党的文艺政策。她不断地探索革命文学的界限,不断地探索如何能在现行政治的制约下创造性地写作。这些探索活动使她获得了一系列局部性的成就,由于她一贯坚持写作,她所写的作品先后反映了在不同历史时期社会生活的变化,她的写作技巧也随着反映的生活内容的变化而变化"。① 虽然梅仪慈肯定了丁玲对文学创作的坚持,但是她对丁玲文学的历史地位的判断是比较谨慎的,甚至是比较悲观的。这说明梅仪慈仍然延续了夏志清开创的关于丁玲的基本观点。

二、当代文化批评视野中的
丁玲研究

在夏志清与布乔治、梅仪慈三人的丁玲阐释中,前者与后两位虽然观点有所不同,但是三人具有共同的文学批评逻辑前提,即文学具有政治性和艺术性两个维度。夏志清认为这两个维度是对立的,不能共存的;而布乔治和梅仪慈认为这两个维度虽然对立,但是可以矛盾地共存于丁玲的某些作品中。在政治性与艺术性的价值序列中,夏志清、夏济安、布乔治、梅仪慈、戈德曼、艾勃等研究者都认同艺术性维度在政治性之上,也就是说这些研究者在研究中高举西方自现代以来"审美自律论"之文学传统。但是在白露、颜海平的解读中,这种传统的分析范畴消失了。这其中的缘由是美

---

① 梅仪慈.丁玲的小说[M].沈昭锵,严锴,译.厦门:厦门大学出版社,1992:24.

国文学研究 20 世纪七八十年代后发生了明显的改变,出现了理论化、文本化和意识形态化的趋向。文学理论研究和文学批评又开始某种回归,逐渐放弃对文学所谓文学性、艺术性、审美性等特征的追逐,转而对文学文本进行一种历史的、意识形态的、政治性的阐释。因为对当代诸多持后现代主义思潮的批评家而言,"审美与政治和意识形态紧密相连";①言外之意是单纯研究文学、文本的艺术性、文学性和审美性成为一个伪命题。美国 20 世纪 80 年代以来的丁玲研究自然也表征这种文学批评、文化批评的历史潮流。从白露以后的丁玲研究无不折射出这种研究转向和新趋势,表现出美国新一代丁玲研究者对"审美自律论"权威话语的反思和抵抗。

(一)丁玲的性别政治——"现代女人如何做女人"

在白露的具体阐释中可以经常看到她对丁玲文学作品的高度认可和欣赏。白露认为丁玲在文学书写中表现出极大的才能,创造了非常具有活力和批判性的女性形象。白露明显不同于夏志清、布乔治、梅仪慈等研究者。对于夏志清、布乔治、梅仪慈等研究者而言,丁玲最主要、最重要的社会身份是作家;但对于白露来说,丁玲的社会身份首先不是作家,而是一个极度关心现代中国妇女现实命运和解放的女性主义者。这内在地规定了白露的"丁玲"之独特性。作为历史学家的白露,其学术背景更多地强调丁玲研究的历史学和社会学维度,其学术研究是为了关注和解决作为社会问题的妇女问题(妇女解放)的来由和指向,并不是为了研究丁玲的文学价值。白露不能或许不屑于对丁玲进行传统意义上的文学分析。

白露关注的焦点是丁玲文学叙事中所呈现的中国现代妇女问题。丁玲文学中呈现的妇女问题对于白露而言,已经具备了新的维度和内涵。白露非常郑重地提出:人们需要把作家当成知识分

---

① 丹尼·卡瓦拉罗.文化理论关键词[M].张卫东,张生,赵顺宏,译,南京:江苏人民出版社,2006:151.

子。虽然白露与丁玲的私人关系不是很融洽，白露仍非常敬重、推崇丁玲，她把丁玲与多丽丝·莱辛、蒂利·奥尔森相提并论，认为丁玲与她们一样是"睿智的、意识形态和政治性的作家"；其中多丽丝·莱辛是当代英国著名作家，2007 年获得诺贝尔文学奖。从这种归类看出，白露对丁玲的高度评价，并将之归于当今在国际上具有重大影响的作家之列。白露认为丁玲一生"集中展现了中国知识分子道德的完整性和正直的共产党员的极度痛苦"。① 正是在生活中或者说在性别方面碰到了问题，产生了困惑，丁玲怀着"苦闷、矛盾和认真自信"，"丁玲通过文学叙事把抽象女性主义研究变为一个精英的、主观的、女性的困境"。② 正是因为这个原因，白露认为"丁玲的小说从一开始就跟政治有关。她从一个离群的知识分子的角度批判了当时腐败、不公正的社会"。③ 这个丁玲写作政治性的判断意味着在白露的阐释结构和理论体系中，性别问题或者说妇女问题已然是一个政治范畴，即"性别政治"。

　　白露创造了很多具有鲜明个人风格的学术话语，譬如殖民现代性、革命现代性、社会主义现代性、进步论女性主义、启蒙女性主义、马克思女性主义等，来解读指称丁玲在 20 世纪中国所经历的特定的不同历史阶段。在这些不同的历史阶段中，丁玲的文学表现了现代中国妇女所面临的各具特点的困境、不幸和她们相应的奋斗、超越。白露所谓"殖民现代性"是指 20 世纪二三十年代，中国女性第一次拥有了自由恋爱的权利，第一次成为恋爱主体。"革

① Tani E. Barlow. *The Question of Women in Chinese Feminism* [M]. Inderpal Grewal，Caren Kaplan and Robyn Wiegman，ed. Durham：Duke University Press，2004：211.

② Tani E. Barlow. *The Question of Women in Chinese Feminism* [M]. Inderpal Grewal，Caren Kaplan and Robyn Wiegman，ed. Durham：Duke University Press，2004：180.

③ 白露.三八节有感和丁玲的女权主义在她文学作品中的表现.熊文华，译.丁玲的早期生活与文学创作（一九二七—一九四二）//孙瑞珍，王中忱.丁玲研究在国外[G].长沙：湖南人民出版社，1985：293.

命现代性"是指 20 世纪 30 年代后,社会的时代命题由恋爱转向阶级革命,女性因为自身的被压迫性自然不可避免地卷入、投身于中国现代革命洪流中;再加之遇到 1930 年代爆发的抗日战争,女性成为革命主体、民族主体。1942 年后,女性成为社会主义现代性中的女性主体。在白露的丁玲阐释中,丁玲一直在追问、探索现代中国不同历史阶段中国女性的人格和女性的社会身份问题:即除了家庭功能和职责以外,妇女在社会和重大历史事件中能承担什么责任,从而又实现了何种潜力? 妇女能变成一个具有什么品质的人?

　　白露认为在殖民现代性中,丁玲并没有通过自己的小说表现梦珂、莎菲等女人在自由恋爱中展现出不可名状的"本性"和"弱点"。相反,丁玲抨击了损害她们(特别是受过良好教育的中产阶级妇女)的传统礼教和习惯势力。这就为妇女实现抗争提供了必要性和可能性。她们可以凭借磨炼自己的意志来完善自身的人格。此外,白露认为丁玲在作品中呈现了自由恋爱、亲密关系中男女两性之间的权力问题,女性最初依靠的只是自身意志力,后面则依靠革命来推动。在革命现代性中,丁玲的女性问题变成妇女问题,妇女问题与阶级、国家相融合。丁玲的抗战文学把女性主体悬于家和国的领域之间,充分体现贺大卫所指的民族主义文化话语。白露指出丁玲的《新的信念》《我在霞村的时候》《东村事件》《一颗没出膛的子弹》等作品除了关注中日民族矛盾外,从某种意义上更关心在抗战中诸如妇女、儿童、老人这些常规意义上的被压迫者如何释放他们潜在的力量。白露发现丁玲的抗战小说,所有人民,特别是弱者、女人、未成年人和无助的人都走出家庭,把自己投身到抗战中,表现了强烈的民族主体性和反封建主体性,因为"他们对国家的忠诚,使他们成为超常有力的政治主体"。① 白露认为 1942

---

① Tani E. Barlow. *The Question of Women in Chinese Feminism* [M]. Inderpal Grewal, Caren Kaplan and Robyn Wiegman, ed. Durham: Duke University Press, 2004: 174.

年丁玲改弦更张,开创了另一种写作风格。因为延安文艺座谈会和整风运动后,"国家消除了文化批评,把文学表现问题与政治表述合而为一"。① 在经历了组织审查和自我批评后的丁玲接受了国家的文学政策。白露在研究中明确提出丁玲的"抗战文学的目的是使党的政策小说化",②但是白露从来没有批评过丁玲因此而牺牲了其创作和作品的文学性或艺术性。这个现象可以用来总结白露对丁玲来延安初期和1942年以后作品的评价。

要特别指出的是,美国的研究者表现出一个整体特点,即对1949年后丁玲的创作保持着某种程度上的"沉默",《杜晚香》作为丁玲"文革"后复出的第一部作品,虽然在法国颇受好评,但是在美国学界中少有论及。白露是唯一阐释了这部作品的美国研究者。她认为《杜晚香》对社会主义建设和女性人格进行了重新定义。这部小说是迎合政治合法性需求的一篇寓言。③

(二) 丁玲的文学创作是社会(革命)实践

在颜海平的解读中,丁玲作家身份不同于夏志清、布乔治、梅仪慈等笔下的作家内涵。后者集中关注的是女作家丁玲文学创作的所谓独立性与审美性,而颜海平的女作家丁玲则围绕其写作的"想象、创造、革命和能量"之特点而展开。颜海平从某种意义上把丁玲"想象性的文学审美写作"这一行为等同于"创造和革命",具有巨大的变革、改造社会的革命能量。颜海平阐释了丁玲一生因

---

① Tani E. Barlow. *The Question of Women in Chinese Feminism* [M]. Inderpal Grewal, Caren Kaplan and Robyn Wiegman, ed. Durham: Duke University Press, 2004: 174.

② Tani E. Barlow. *The Question of Women in Chinese Feminism* [M]. Inderpal Grewal, Caren Kaplan and Robyn Wiegman, ed. Durham: Duke University Press, 2004: 211.

③ Tani E. Barlow. *The Question of Women in Chinese Feminism* [M]. Inderpal Grewal, Caren Kaplan and Robyn Wiegman, ed. Durham: Duke University Press, 2004: 174.

写作发生的变化和释放的巨大而活跃的革命能量,这种能量的革命性和创造性具有多个层面与面向。首先,丁玲通过写作成名,解决了自己独立生存的经济危机,获得作为一个女作家的物质存在。颜海平指出"丁玲创作小说,就是创作生活"。其次,这种能量表现在以女性为例证的各种不同形态的弱者可以打破社会现存的不合理的"弱者生成逻辑",反对各种各样的或生物的或社会的"弱者本质主义"。各种各样的弱者因此可以"自我赋权",在革新自身的同时亦革新社会,重构更合理更符合人性的社会结构和社会秩序。颜海平在其"丁玲故事"阐释中反复明确指出:"这种文学创作不仅仅是一个想象的行为,它同时也是将这种想象行为中酝酿生成的能量动力现实化的过程,它改变并且确确实实地创造了真实的生活。"①所以,颜海平干脆把丁玲的写作直接阐释为"审美同样是一种社会实践,它赋予人们感受到,但看不见的尚未显现的人性内容和生活世界以具体形式,而这些被融合的生活世界,这些形式,暗示其应存的力量和已然的存在,所以,创作小说就是创造生活。"②从这个意义上而言,颜海平的丁玲解读无疑是意识形态的。

　　颜海平对丁玲想象性的审美写作进行了非常激进的解读。虽然她承认想象、审美与现实之间存在着不可化约的差异,但她更为关注二者所具有的不可忽视的同一性,即具有对现实、对现存社会秩序和社会结构的否认、批判。这便是丁玲写作的革命性。更为重要的是,丁玲这种想象性写作"拥有物质性及与现实世界的相关性",③也就是说这种写作虽然是想象性的,审美性的,但是它们可以唤醒人们,可以引导人们前往、实现这种想象,从而具有某种程

①　Yan Haiping. *Chinese Women Writers and the Feminist Imagination*, 1905-1948 [M]. Mark Selden, ed. London: Routledge, 2006: 180.
②　Yan Haiping. *Chinese Women Writers and the Feminist Imagination*, 1905-1948 [M]. Mark Selden, ed. London: Routledge, 2006: 180.
③　Yan Haiping. *Chinese Women Writers and the Feminist Imagination*, 1905-1948 [M]. Mark Selden, ed. London: Routledge, 2006: 180.

度上的现实性。从这个意义上，丁玲想象性的、审美性的写作意味着批评、革命和创造。想象和审美具有一种现实性。颜海平认为丁玲的写作就是创造生活，就是一种革命。

颜海平拒绝对丁玲献身于其中的现代中国革命进行顺应西方传统主流的保守的简单化理解和认知。颜海平研究革命女作家的情感和逻辑出发点是为了质疑目前全球范围内新自由主义思想浪潮中人们对现代中国革命的理解。颜海平在不否认中国现代革命的复杂性和所具有的高度风险的前提下，更为赞美、推崇中国现代革命的反殖民、反抗一切压迫的出发点和归旨，所以颜海平自然坚决反对西方所认为中国现代革命吞噬了它的革命女儿这一美国等西方学界传统主流的"悲剧"论调。颜海平没有否认中国现代革命的革命女儿诸如革命女作家丁玲等人因为投身革命所遭遇的巨大磨难，但颜海平创新性地指出现代中国革命和革命女作家存在一种能量和激情，但是直到目前为止，人们尚不能有效地命名、定义、阐释这种能量。在颜海平看来，这是一笔异常珍贵的遗产，需要人们继续发掘。颜海平的解读中暗藏着对革命和革命性的区分。颜海平对中国现代具体革命行动有着冷静的认知，但是她认为我们不能因为革命的高度复杂和风险而彻底否认革命的革命性，即革命性对现存秩序的否定是人类、社会进步的原动力。颜海平对革命有着一种极具激情的乌托邦的想象和热爱。

与此同时，在颜海平的解读中，女性主义意味着革命性和人文情怀。如果说白露的丁玲解读之女性主义具有强烈的历史主义气息，而颜海平的"丁玲故事"之女性主义具有强烈的革命性，是革命女性主义。颜海平认为丁玲始终坚持在写作和人生历程中把自己和女性置于中国现代革命的中心位置。换而言之，丁玲和她笔下的女性不仅是中国革命的参与者、追随者和献身者，更是中国现代革命的推动者、创造者，她们比历史、现实中的现代中国革命更为激进，女性的革命想象与革命要求超出了中国现代革命的现实内容。在这个意义上,这些女性的极度激进和理想化的革命要求必然会遭遇更大的风险,必然会遭受作为先行者的孤独和不被理解。因此颜海平反复言说"以女性为杠杆的革命"这一范畴。颜海平指出"丁玲虚拟作品中各种型构和她自身的多样化存在,以及两者之间的互动关系,都富有一种异乎寻常的弹性韵律,在激烈社会变奏中反复重现,寓意着中国革命所具有的深邃活力和广袤内涵,这种活力与内涵拒绝任何形式的垄断性、权威性的经营和占有。丁玲完成于 1946 至 1948 年间的《太阳照在桑干河上》,也是她最重要的长篇小说,使得我们能够非常关键地触摸、感受到丁玲故事所蕴含着的不同寻常的巨大能量"。[1] 颜海平相信《太阳照在桑干河上》体现了原本是弱者的农民所蕴藏的巨大的自我赋权的能量和中国革命必然存在的惊人的创造力,这部作品也因此成为这种能量和创造力的最好的文学案例。

颜海平的女性主义人文情怀体现在她用"弱者"这个概念把包括女性在内的各种各样的弱者关联起来。何谓弱者?颜海平没有使用当下社会学或经济学、政治学意义上的定义和内涵,相反她用目前人们认为文学性很强的诗意话语把弱者定义、概括为"那些物质上被剥夺的人,那些社会话语权被抹杀的人,那些智力灵魂被绞杀放逐的人"。[2] 颜海平用"丁玲文学感知系统"概念来解读丁玲创作中出现的女性、农民、工人之间的关联,认为丁玲的这种文学感知系统不仅仅只表现个人或一小部分弱者的痛苦,而是具有广阔的超越性的伦理涵盖。颜海平意义上的丁玲女性主义也因此获得某种超越性,具体表现在"为女人说话",且又不仅仅"只为女人说话"。在"为女人说话"的同时,也"为被压迫的农民和工人"说

[1] Yan Haiping. *Chinese Women Writers and the Feminist Imagination*, 1905–1948 [M]. Mark Selden, ed. London: Routledge, 2006: 180.
[2] Yan Haiping. *Chinese Women Writers and the Feminist Imagination*, 1905–1948 [M]. Mark Selden, ed. London: Routledge, 2006: 180.

话,"为一切被欺凌的弱者"说话。这样的女性主义内在具有强烈的社会、民族责任意识以及广阔厚重的人文关怀。

颜海平认为丁玲这个激进的革命女作家所呈现的巨大创造力和想象力到目前为止都没有得到充分的理解和认识。她从"革命"的角度指出目前美国的学者和大众无法为丁玲及其作品所呈现出来的那种想象能量进行有效的解读和命名,革命女作家丁玲因此遭遇了来自看似对立双方的批判。颜海平指出"无论是追随共产党的反抗者,还是反对共产党的统治者中都有不少人们认为丁玲小说'不真实'。这些人在很多方面具有互相对立的认知、道德和政治权威,但是他们在否定丁玲的'弱者'们具有现实的或可能的转变现状和自我赋权的能力上却是观点相同的。一方面,国民党的文化警察指责丁玲的大多数小说是'没有现实基础'的'激进宣传',同时那些自认为拥有'真文学'判断权威的人则指责它们没有文学价值。另一方面,丁玲笔下的文学人物,在发表最初和后来反复地受到共产党内一些高层理论家的严厉批评和政治谴责,他们的根据是丁玲的这些文学人物揭示了作者本人现实生活中'真实的(政治)色彩'。例如周扬宣称《我在霞村的时候》中的贞贞是一个'作随营娼妓的女子',却被丁玲'当作女神一般美化'。《莎菲女士的日记》中的莎菲是一个'可怕的虚无主义的个人主义者',她'玩弄男性,以别人的痛苦为乐'。《在医院中》的陆萍只是一个打扮成革命女性的'极端个人主义'的女人。所有这些女性人物和小说在'真正的革命现实主义的文学'中是没有价值和地位的,它们是作者丁玲内在现实的外在流露。"①国民党及其追随者抨击丁玲的作品是"没有现实基础"的"激进宣传",所以那些自认为拥有"真文学"判断权利的人抨击这些作品没有文学价值。颜海平在注释中明确指出"这些人"的代表是夏志清、刘再复、王德威。而周扬们

---

① Yan Haiping. *Chinese Women Writers and the Feminist Imagination*, 1905 –1948 [M]. Mark Selden, ed. London: Routledge, 2006: 212.

则批评贞贞、莎菲、陆萍道德低下,否认这些人物和小说在革命文学中的价值和地位,甚至认为对文学女性的评判同样适用于作者丁玲本人,认为这些女性就是作者丁玲本人。颜海平认为这两种看似完全不同的抨击和指责共享了相同的逻辑和判断,就是否认丁玲在想象性文学作品中创造出的以女性为集中代表的各种"弱者"可能具有的主体性和可能具有自我转换和自我创新的能力。

颜海平批评夏志清、刘再复、王德威等人认为丁玲文学没有文学价值之观点,但是她也没有遵照传统文学概念和范畴来阐释丁玲文学的艺术性表现。颜海平从未对丁玲进行过任何意义上的文学艺术性的批评与质疑。在她的阐释中,丁玲的每部作品都因为"想象的革命性"堪称完美。事实上,颜海平没有从正面分析过丁玲创作的艺术性问题,她只是用简短的评价来表达她对丁玲文学艺术上的高度认可,比如被夏志清等美国研究者都极力贬斥的《水》表现出"动人心魄的力量而达到了一种史诗的规模"。① 颜海平的丁玲阐释呈现出强烈的理论综合性和包容性。在她的丁玲故事中,可以察觉当代西方学界关于阶级、性别、种族等诸多后现代理论的综合运用。

三、本 章 小 结

美国学界对丁玲文学叙事政治性与艺术性的分析与争论由来已久,而且是丁玲研究中必然会论及的一个问题。从宏观上看,夏志清异常激烈地抨击丁玲文学叙事的政治性太强,因而损伤了其文学性与艺术性,这个学术判断在美国的中国现当代文学研究、丁玲研究中流传多年,似乎成了一个经典性的学术结论。的确,直到

---

① Yan Haiping. *Chinese Women Writers and the Feminist Imagination*, 1905 - 1948 [M]. Mark Selden, ed. London: Routledge, 2006: 180.

晚近的研究者譬如刘剑梅仍持有这种观点。但是,从夏济安开始,到布乔治,再到白露,研究者对丁玲作品的评价,尤其是对丁玲早期和到延安后的《我在霞村的时候》《在医院中》《三八节有感》等作品的评价越来越高,研究者认为其艺术性的呈现达到了非常高的水准。颜海平对丁玲作品的艺术评价则达到了最高峰。诸如《水》《新的信念》《太阳照在桑干河上》等被包括美国在内的西方学界诟病的作品都得到了颜海平的盛赞,如《水》被其称为取得了"史诗"般的艺术效果。

美国学界丁玲研究出现这种历史流变的原因何在? 福柯在《规训与惩罚》提出"重要的不是故事讲述的年代,而是讲述故事的年代"。这个理论流传甚广,影响极大。美国学界的丁玲研究出现的这种历史流变也可以借用这个观点来解释。

在夏志清时代,新批评是美国主流的文学批评理论资源。在新批评理论看来,所谓审美性(文学性、艺术性)才是文学作品的最重要特征,"审美价值"是所谓文学的核心价值。韦勒克在《比较文学的名称与实质》一书中指出"'文学'一词在 18 世纪中叶经历了一个'民族化'和'审美化'的过程[①]。从这个历史时期开始,法国、德国、英国、意大利等国家用"文学"这个词语来"指称以这些国家的语言写成的、具有审美想象性的民族文学作品"[②]。这意味着审美是文学艺术性具体的表现。文学是兼具审美与想象的写作和作品,这个观念逐渐内化于人们的文学艺术认知和判断中。学者旷新年指出"现代'纯文学'的文学观念将审美凸显于现代文学价值的中心。"[③]这种"审美热"和"美学热"促使研究者在方法论上特

---

① 赵一凡,张中载,李德恩.西方文论关键词[M].北京:外语教学与研究出版社,2006:595.
② 赵一凡,张中载,李德恩.西方文论关键词[M].北京:外语教学与研究出版社,2006:595.
③ 赵一凡,张中载,李德恩.西方文论关键词[M].北京:外语教学与研究出版社,2006:611.

别关注文学的独立性和审美性(艺术性与文学性),形式主义审美观和文学观因此大行其道。在这种文学研究标准的影响下,研究者普遍重视文学语言的表达。夏志清、布乔治、梅仪慈的丁玲研究之理论源于这种"经典"的文学性范畴,强调文学的审美性与独立性。

但是,这种文学概念和评价标准逐渐发生了改变。当代越来越多的学者认为文学以及文学性不是一个实体概念。因为文学概念的不稳定,文学性更是一个虚幻概念,文学的边界也非常难以确定。伊格尔顿指出,文学"不是一个稳定的实体",它是一种"价值判断",是"特定时期的特定人群,因为某种特殊原因而形成的建构"。[1] 伊格尔顿等学者认为虽然当前人们认为文学这种现象可以追溯到 2500 年以前,但是那时的文学作品是与其他文献材料混合在一起,被统称为文献。所谓一种具备形象性、想象性和审美性特征的独立文学概念在西方却是晚近的观念,其历史不过 200 余年。浪漫主义诗人以及后来的人文主义批评家在这其中发挥了很大的建构作用,他们使人们开始意识、关注到所谓文学的想象性、情感性、形象性、审美性等特征,并使得文学产生某种优越性,具有高于其他社会文本的某种特征和价值。所以我们可以从中推断出这样一个结论,即"(西方)现代社会的思想知识构成了文学本身"。[2]

当代以来,西方学者对文学与文学性的认知与想象发生了明显变化,当代文论越来越"泛政治化"。当代文学理论与文学研究已经出现一种鲜明的趋势,即基本上放弃对文学作品进行单纯的审美描述和解读,转而集中对具体文本的社会历史文化背景进行研究和阐释,这种研究范式往往被称为"文化研究"。这种研究范

---

① 赵一凡,张中载,李德恩.西方文论关键词[M].北京:外语教学与研究出版社,2006:598.

② 赵一凡,张中载,李德恩.西方文论关键词[M].北京:外语教学与研究出版社,2006:598.

式的转向标志着当代西方对文学认知的巨大变化和转型。美国文学理论家希利斯·米勒明确指出"自 1979 年以来,文学研究的兴趣中心,已发生大规模的转移:从对文学作修辞式的'内部研究',转为研究文学的'外部'联系,确定它在心理学、历史或社会学背景中的位置。换言之,文学研究的兴趣已由解读(即集中注意研究语言本身及其性质能力)转移到各种形式的阐释学解释上(即注意语言与上帝、自然、社会、历史等被看作语言之外的事物的联系)"。①这段论述中的"修辞式"的内部研究具体表现形态可以理解为对文学文学性、审美性、艺术性维度的研究。而学者们在研究中越来越发现其实无法对文学和文学性做出定论,这个世界上不存在某种具有普遍意义的文学性。所谓文学性都是"特定社会历史文化关系的集中体现,是在这种关系结构或生活实践中漂浮的能指"。②文学理论研究和文学批评又开始某种回归,逐渐放弃对文学所谓文学性、艺术性、审美性等特征的追逐,转而对文学文本进行一种历史的、意识形态的、政治性的阐释,因为对当代诸多持后现代主义思潮的文学批评家而言,"审美、政治和意识形态紧密相连"③。言外之意,单纯研究文学文本的艺术性、文学性和审美性成为一个伪命题。正是在这个意义上,20 世纪 80 年代以来的研究者如白露、颜海平的丁玲研究呈现出崭新的学术气质,开启了文化研究范式,表征着当代西方文学批评、文化批评的历史潮流。

①　拉尔夫·科恩.文学理论的未来[M].程锡麟,译.北京:中国社会科学出版社,1993:121-122.
②　赵一凡,张中载,李德恩.西方文论关键词[M].北京:外语教学与研究出版社,2006:606.
③　丹尼·卡瓦拉罗.文化理论关键词[M].张卫东,张生,赵顺宏,译.南京:江苏人民出版社,2006:151.

第五章 美国学界丁玲研究的价值审视

美国丁玲研究持续进行了 70 余年,诸多研究者研究热情不减,产生了种种纷繁复杂的观点和研究成果。从知识论而言,美国丁玲研究的成果必然是洞见与偏见并存,真理与谬论同在。尽可能全面、客观地评价、审视美国丁玲研究不仅有可能性而且有必要性。我们应该借鉴美国丁玲研究的诸多洞见和智慧,同时也应该警惕美国学界关于丁玲的知识、话语及故事中或隐或现的优越感和某种程度上的文化、学术霸权,揭示其偏见及其产生的意识形态根源。

一、美国丁玲研究的洞见与成就

不可否认,作为异域文化的他者,美国的丁玲研究者对丁玲的阐释有着自己独特的角度和眼光,他们发现了不少中国研究者没有发现的问题,提出了自己富有个性的见解,从而具有独特的价值。

(一) 开阔了丁玲研究视域

第二次世界大战后,新批评成为包括美国在内的西方学术界的主流文学理论,相关学者猛烈攻击了此前的实证式研究理论和方法,新批评的形式主义和文本细读取代了旧的历史批评。新批评在美国文学批评界产生了巨大影响。但是从 20 世纪 70 年代开始,美国的文艺批评理论又产生了巨变。20 世纪 80 年代,美国兴起了理论热,各种文学批评理论发展如雨后春笋,不断出新,结构主义、后结构主义、女性主义等方法纷纷大行其道。不同历史时期的美国丁玲研究者综合运用了西方 20 世纪五六十年代以来的各种思想文化资源来解读丁玲及其作品,这无疑有力地创新了丁玲研究的理论和方法论,逐渐形成了美国丁玲研究的新批评模式和女性主义批评模式。

新批评模式的研究者包括夏志清、布乔治、梅仪慈等。这些研究者深受新批评理论的影响,强调文学作品的审美性和审美自律性,所以他们将艺术特色作为丁玲文学作品的分析的主要对象和高阶价值判断。夏志清是新批评理论坚定的信奉者和实践者,他将"发现优美的文学作品"作为文学史家和文学批评的第一要务。布乔治在其博士论文中专门用第十章"丁玲文学创作的艺术手法",对丁玲 1927 年至 1942 年的作品进行了评价。布乔治坦率指出他的评价标准来源于新批评理论后期的捍卫者韦勒克和沃伦,即韦勒克和沃伦《文学原理》提出的所谓文学价值的三项基本标准(多样性、复杂性和一致性)。也就是说,具体文学作品中多样性、复杂性和一致性的程度越高,其文学价值就越大。布乔治依据这三个标准对丁玲作品进行了整体性评价。[①] 布乔治批评丁玲的小说缺乏多样化和复杂性,具体表现为人物类型化,人物的发展完全个人化,情节单一。布乔治暗指丁玲的文学成就被高估了。不同于布乔治理论来源的相对单一,梅仪慈的丁玲研究运用了大量西方文化文学理论,比如在丁玲小说《他走后》的女主人公为了表现对情人的控制力,半夜两点遣送情人,冒雨回家。在情人走后,女

---

① 加里·约翰·布乔治.丁玲的早期生活与文学创作(一九二七—一九四二)//孙瑞珍,王中忱.丁玲研究在国外[G].长沙:湖南人民出版社,1985:147-148.

主人公经历了从自满到自责、自怜的心理过程,小说中充满旁白与人物的独白。为了分析这些旁白和独白的艺术作用,梅仪慈借鉴了波里斯·尤斯帕森斯基《作品的诗学:艺术原文的结构与作品结构的类型》和赛蒙尔·查特曼《故事与述说:小说与电影的叙述结构》。在论及丁玲上海早期创作时,梅仪慈借用雷蒙德·威廉斯在《文化与社会,一七八〇——一九五〇》中提出的现代作家的作品受到市场规律的影响来说明丁玲当时创作条件的艰苦。关于莎菲的肺结核病,梅仪慈借鉴了苏珊·桑塔格《用作隐喻的疾病》的观点,即"许多被称作浪漫主义的痛苦的文学与恋爱态度,往往是通过肺结核,及其转化成为一个隐喻而显示的"。梅仪慈利用这个观点来说明莎菲的肺结核看似是其身体疾病,同时也表征着其个性和命运。此外,韦恩·C. 布斯《小说的修辞》、大卫·哥德诺夫《小说的生命》、迈埃·斯坦伯格《小说中的阐述手法及时间处理》、西摩·查特曼《文学的语体与结构》、乔治·卢卡奇《现代主义的思想意识》等著作中的观点都被梅仪慈用于丁玲研究中。这证明梅仪慈受到新批评的影响,也开始了西方文学批评界理论化潮流。

西方女性主义理论建基于西方女性主义运动,是知识领域的性别维度再生产。20 世纪 60 年代西方第二次女权运动高涨。1963 年贝蒂·弗里丹发表的专著《女性的奥秘》在美国引发强烈反响。此后一大批女权主义著作、论文、刊物相继涌现,"性别研究"应运而生。1970 年,凯特·米利特出版《性的政治》,标志着女性主义理论进入美国学界的研究视野,并逐步发展成 20 世纪西方最重要的理论之一。因此,虽然夏济安、布乔治和梅仪慈都察觉了丁玲文学对女性命运的特别关注,他们在开展丁玲研究时还没有比较成熟的女性主义批评理论来阐释丁玲的女性关怀。女性主义历史学者、理论家白露则全面开展了美国丁玲研究的女性主义分析模式。白露、周蕾、颜海平、刘剑梅等对丁玲及其女性人物的关注成为研究中的焦点,构成了研究的连续体,女性主义视域下的丁玲研究因此取得了非常丰硕的成果,对中国丁玲研究,甚至中国女性文学研究产生了很大的影响。需要指出的是,在白露、周蕾和颜海平等人的丁玲研究中,女性是其学术研究的出发点和关注的焦点,但是由于女性主义理论的兼容并蓄和开放性的理论品格,这些研究者往往综合运用西方各种研究方法,所以她们的丁玲研究也呈现出理论化和文化批评的特征。

(二) 阐释了丁玲主体性建构历程

这是美国丁玲研究的核心观点与重要成果。因为丁玲早期作品大胆叙述了 20 世纪中国二三十年代觉醒的新女性之情欲生活。如果说美国研究者对丁玲的革命叙事颇有争议与批判,但是他们对丁玲的女性情欲书写的评价却表现出没有争议的赞美趋势。除了最早的研究者夏志清对丁玲的女性情爱书写进行了热嘲冷讽外,夏志清之后的其他研究者如夏济安、布乔治、梅仪慈、白露、周蕾、刘禾、刘剑梅都盛赞、高度评价了丁玲的这一文学书写行为,从多方面论证了丁玲女性情爱书写的历史合法性,认为丁玲的女性情爱书写具有革命和先锋意义。夏济安、布乔治两人均认为丁玲笔下的女性情爱活动和丁玲的情爱书写二者本身就是对传统封建礼教的叛逆,是一种革命行为。这种革命行为的进一步发展、延伸、强化就导致作者丁玲及其文学女性走向、投身于中国 20 世纪革命。

白露把 20 世纪五四时期的"恋爱自由"称为"选择性伴侣的自由"。在白露的阐释中,"性"不是罪恶之事,不仅仅是男女之私事。"自由之性"有利于改善后代生命质量,具有优生学意义。"自由恋爱"因此获得社会、民族、种族、国家和人类意义。

白露和颜海平等人的丁玲研究并没有停留在女性获得自由恋爱权利这个层面。她们深入探讨了获得自由恋爱权利以后的女性的生存状态,讨论了丁玲笔下自由恋爱中男女两性之间的等级压迫问题以及女性的自我挣扎、自我拼搏、自我反省和自我突围。这些女性逐渐认识到现代爱情婚姻关系对女性的束缚,奋力探索在社会化的劳动和工作中寻求自身解放的可能,即应该在社会化的工作中激发自己的潜能,提升自己的创造力;在此过程中女性开始承担自己的社会责任,履行自己的社会使命。女性从而得以从家庭中突围,实现女性的"社会人"身份。在 20 世纪 30 年代中国特定的历史条件下,革命成为时代的潮流,女性在社会化过程中不可避免地出现"革命者"身份。在女性"革命者"身份中,白露、颜海平更为激进地阐释了以丁玲为代表的中国革命女作家在文学想象中所探讨的女性在中国现代革命中不是处于追随位置而是处于领先地位,白露、颜海平认为丁玲的革命想象与标准极为激进,其革命性因素超越了中国现代革命所涵盖的内容,两者会必然发生某种龃龉。

丁玲的美国研究经过几十年的学术研究批判与继承,比较有说服力地解读了丁玲用其生命和文学创作为女性探索的解放途径,即从争取自由恋爱权利到突破爱情的束缚,走进社会,投身工作和革命。研究者在丁玲研究中阐释了丁玲及其文学在女性解放与女性人生意义过程中的女性主体性呈现,即丁玲及其文学女性具有鲜明的主体意识和能动性,她们一直在坚持创造自己的命运,而非消极等待社会的解救。她们拥有强烈的主体要求与自主意识,能够实现充分的"自我赋权和自我转变"(颜海平语),主动创造自己的人生,同时亦主动创造、革新社会,推进社会的发展与进步。

(三) 构建了多维的丁玲形象

丁玲的美国研究者的确充分挖掘了丁玲的女性主义价值和意义,这成为美国丁玲研究最具有世界影响力的成果。但是,这些研究者并没有局限于女性主义这个单一的维度中,而是把丁玲置于 20 世纪中国社会的历史文化语境中进行阐释。美国的丁玲研究者挖掘、建构了丁玲多样性的主体身份。在他们的阐释中,丁玲是女性主义者、作家、中国共产党党员、革命者和社会活动家,是一个异常丰富的多维主体。丁玲及其文学与中国现代社会历史文化密切关联,丁玲是深入了解现代中国的一个重要文化符号。美国研究者赞扬丁玲强烈的社会意识与社会责任感,欣赏她对现存社会秩序不合理之处的激烈批判,同情丁玲的悲惨遭遇;同时也批评丁玲对地缘政治的赞美与宣传。

丁玲的文学与个人命运具有重要的启示意义,表征着女性、文学、革命、政治、民族与阶级革命的复杂关系。在 20 世纪上半叶关于革命、共产主义运动、女性主义的国际文化版图中,丁玲成为世界性的文化遗产与思想资源,值得人们去关注,并深入研究。

二、美国丁玲研究中的汉学主义表现

如果说美国丁玲研究必然表现出研究者的勇气与智慧,必然会取得不少具有借鉴意义的研究成果,那么我们也应该注意到事物的另一方面。作为主要面对美国等西方读者而展开的丁玲研究必然内在地具有一些视角缺陷。这些缺陷可以用汉学主义(Sinologism)这一范畴进行整体性概括。

(一) 汉学主义的发展历程

汉学主义一词是一个新近出现的理论范畴和文化批判话语,最早出现在 20 世纪 90 年代末。1998 年澳大利亚华裔学者雷金庆和德国华裔学者夏瑞春几乎同时使用了“Sinologism”这个概念。2004 年厦门大学的周宁教授在国内第一次使用了“汉学主义”一词,并将其视为一种批评范畴进行了论述。汉学主义理论的当前代表性学者是顾明栋。汉学主义最初是东方主义和后殖民理论在中国研究中的具体运用,后来相关学者察觉了东方主义和后殖民理论的一些具体缺憾和不足,同时为了主动适应当代中国文化和学术创新的需要而重新构建这一范畴,强化其独立性,使之成为一个受到东方主义和后殖民理论影响,又有着明显区别的理论体系。汉学主义的内涵与外延日益复杂,成为一个具有较强学术影响力的理论范畴与批评术语。"汉学主义理论"的宗旨是要恰当认识汉学研究(中国学研究)中西方学者的智慧,反对以美国为首的西方学界文化霸权主义以及西中学界中不平等的权力关系,反对西方的学术殖民以及中国本土学者的自我殖民,促进全球领域中的中国研究。汉学主义要求反思自清代以来"以智性殖民为核心的文化无意识和学术意识是如何扼杀了中国人的创造力,造成了中国学界把西方学术的认识论和方法论奉为普世真理的偏颇倾向"。[①] 美国丁玲研究作为西方汉学研究的具体学术内容,也不可避免地呈现出了一些汉学主义迹象。我们必须警醒、分析、反思、批判美国丁玲研究中的汉学主义,以免误入其陷阱,避免出现丁玲研究的异化,保持中国本土丁玲研究的学术原创力。

(二) 对中国现代革命的偏见

20世纪中国现代革命是一个高度复杂的历史范畴。本研究中的中国现代革命特指中国共产党领导的中国革命。鸦片战争之前的中国具有强烈的国家优越感,号称"天下"之核心,自居为天朝大国,视其他国家和民族为"蛮夷"。西方国家建立资本主义制度后,各国国力得到极大增强,并掠夺其他国家进行资本积累。仍沉醉于过去辉煌的中国被西方列强的坚船利炮打开了大门,强国大国梦碎,逐步沦为西方国家的半殖民地。从此中国的国族危机爆发,民族意识高涨,社会各阶层都希冀通过学习资本主义道路以实

---

① 顾明栋.汉学主义——东方主义与侯志敏主义的替代理论[M].张强,段国重,冯涛,译.北京:商务印书馆,2015:前言第 iii 页.

161 美国学界丁玲研究的价值审视 | 161 ■

现中华民族的伟大复兴。可是历史证明,资本主义道路在中国行不通,农民起义、洋务运动、戊戌变法和资产阶级民主革命纷纷失败,都不能强有力地解决民族生存危机。在马克思主义和列宁思想的影响下,中国共产党在中国诞生,中国革命从此有了坚强有力的领导核心。中国共产党领导中国人民进行艰苦卓绝的斗争和探索,取得了新民主主义革命的胜利和社会主义现代化建设的成就。中国革命的成功为世界其他国家的民族复兴提供了可借鉴的经验,证明了人类文明的多样性。中国共产党领导的中国现代革命是在马克思主义和苏联的影响和帮助下产生的,与西方主流意识形态相敌对。这自然导致以美国为首的西方国家的排斥和敌视态度。自苏联解体,东西阵营的对峙成了中美的对峙、中美意识形态的较量,丁玲的美国研究者必然受制于这样一种整体的历史文化环境的变化,只有颜海平是唯一的例外。

从对中国现代革命的认知和情感态度上而言,丁玲的美国研究者大致可以分为两派:即自由主义(右翼)丁玲研究者与左翼丁玲研究者。前者的典型代表是夏志清、戈德曼、布乔治、艾勃等。他们对中国现代革命存批评和敌对态度。他们不能辩证地理解现代中国革命的艰巨性和复杂性,以及中国人对民族独立和国家富强的极度渴望。

夏志清的丁玲研究中充满对丁玲言辞激烈的批判,对中国革命和投身此革命的丁玲没有丝毫的同情和理解。夏济安、布乔治、戈德曼、艾勃表现出另一种形态。他们同样不能理解、认同丁玲的革命选择,但是他们都非常同情丁玲本人的遭遇。出于这个理解和认知逻辑,他们把丁玲命运称为"悲剧"。

除了颜海平之外,布乔治、白露等偏左翼的丁玲研究者对中国现代革命表现出一种有意或无意回避的态度。虽然他们在研究中强调丁玲文学关注阶级、性别、种族范畴中的"弱者"问题的合法性与正义性,但是漠视回避中国共产党、中国革命对中国农民、工人等弱者群体权益的重视与保护。美籍华裔学者陈小眉明确指出："西方马克思主义大谈阶级、性别、种族、民族国家问题上的西方霸权主义，试图为弱势群体找回他们失去的声音；另一方面，他们又轻视马克思主义在中国以及苏联东欧国家的具体实践，仍然用二元对立的冷战式思维，用西方民主制度的价值观念来评价中国的现实。若他们多少了解一些新中国为根本改变底层民众生存状态所做的种种尝试，如土地改革、妇女解放和少数民族自治等等，也许就不会把中国的深刻变革简单地归结为共产党专制了。"①

总之，丁玲的美国研究者不能历史地、相对客观地认知中国共产党和中国革命，不能辩证看待中国共产党和中国革命为中华民族带来的翻天覆地的巨变。他们要么一味指责共产党，要么漠视共产党为工农群体和女性等弱势群体争取的权益。学者戴锦华认为，中国共产党领导的中国革命"为我们留下了一笔巨大的遗产和债务"，但是美国丁玲研究者不能多维度认知中国共产党，他们基本只看到中国共产党领导的中国革命中的"债务"沉淀，漠视中国革命带来的宝贵遗产和经验。

（三）对丁玲文学革命转向的偏见

因为丁玲的美国研究者对中国共产党和中国革命的偏见导致他们的丁玲研究也出现选择性"失明"和"失聪"，最突出的表现便是把丁玲与中国革命之间关系简单化，漠视、否认二者之间的复杂关系。他们根据自己对中国共产党和中国革命的想象和认知来裁剪丁玲的文学作品和人生经历，把丁玲与中国革命的复杂关系简单化为现实的地缘政治（中国共产党）对作家的政治迫害，把丁玲的命运归于"悲剧论"。

美国研究者一厢情愿地把丁玲塑造成一个不可抗拒的、数次

---

① 陈小眉.西方主义[M].冯雪峰，译.南京：南京大学出版社，2014：258.

遭受政治迫害的天才女作家形象。比如丁玲的美国研究者热衷分析丁玲最初对中国共产党和共产党领导的革命的犹豫和踌躇，热衷于论证丁玲对共产党的批评。与此形成鲜明对比的是，丁玲对中国共产党和中国革命的热爱和真诚献身等史实材料则在研究中被"遮掩"。夏济安和白露都是很好的例证。夏济安在非常有限篇幅的丁玲研究中具体论及丁玲最初没有像丈夫胡也频一样迅速加入革命。胡也频在外进行革命工作时，丁玲在家写关于"恋爱与革命矛盾的小说"。但是夏济安对丁玲在胡也频牺牲后积极加入共产党，投身于实际革命工作则寥寥数语带过或避而不谈。在丁玲的美国研究者中，白露的丁玲研究时间最长，阐释最为厚重。其专著《中国女性主义思想史中的妇女问题》共七章内容，其中两章专论丁玲，具体论述了丁玲在 1942 年延安文艺整风中"受创"以及 1958 年丁玲被"宣告犯有政治罪，被剥夺了作为党的文化代理人的巨大权力"。[1] 但是 1936 年丁玲奔赴延安，这一当时在国共双方都产生巨大影响的历史事件，在白露的丁玲研究中销声匿迹。这样意识形态取向鲜明的史实选择和解读必然会引发质疑。

　　除了颜海平，美国丁玲研究形成了一个基本的共识，即认为丁玲有两次所谓的"左转"或"革命"转向，更为重要的是他们一直批判丁玲革命转向后的文学作品是宣传品，缺少真实性与常识性。我们可以借用温儒敏对夏志清的张爱玲研究来分析这种现象。首先，温儒敏肯定了夏志清的杰出文学鉴赏眼光，认为夏志清挖掘了张爱玲小说的独特性以及她对中国现代文学史的独特贡献，但是温儒敏质疑并批判了夏志清对张爱玲土改小说《秧歌》《赤地之恋》等小说的推崇态度。温儒敏认为夏志清的研究方法"源自新批评派，他也试图强调细读，尽量做到比较客观。事实上，这也没有很好

---

① Tani E. Barlow. *The Question of Women in Chinese Feminism* [M]. Inderpal Grewal，Caren Kaplan and Robyn Wiegman，ed. Durham：Duke University Press，2004：260.

做到,他把那些反映时代主流的作品几乎都归类为次品,就不够公正"。① 夏志清认为《秧歌》《赤地之恋》是"记录人的身体和灵魂在暴政下面受到摧残"的杰作,但温儒敏的认知和判断正好与夏志清相反,他认为这两部小说创作失真,因为创作这些小说时,张爱玲已经到了海外,对国内的土改情况并不熟悉,而且这些小说接受了美国官方的资助。温儒敏因此判定《秧歌》和《赤地之恋》是政治性很强的文学创作,而且这两部作品很粗糙,艺术性不高。温儒敏由此推断夏志清的文学批评具有一种"意识形态"的偏见,或者说是出于冷战思维,并没有实现他自称的"客观"。在笔者看来,温儒敏的这个质疑和批判同样适用于夏志清等人对丁玲的《水》《太阳照在桑干河上》等革命文学作品的评价。虽然夏志清推崇《秧歌》,极力贬斥丁玲的《水》和《太阳照在桑干河上》,其评价的意识形态标准和逻辑却是同一的。反共立场和冷战思维导致在美国丁玲文学评价与研究中出现一种简单的模式。凡是批评社会、批评中国共产党的作品就是"杰作",凡是赞美、歌颂共产党和普通民众革命热情的作品就是"宣传品",缺乏文学性和艺术性,因为政治损伤了文学艺术。这样的文学批评思维在很多美国学者的研究中都可以窥见。

(四) 美国丁玲研究者的理论来源与研究标准

二战后美国综合国力得到极大增强,在文化思想和学术研究领域也取代欧洲成为全球的中心。美国民众普遍具有强烈的自信心,甚至是优越感,普遍缺少自省自警和自我反思。这种心态在学术研究领域表现为对美国理论有着绝对的自信,认为只有美国的理论和标准才是世界学术研究的标准,表现出明显学术殖民心态

---

① 温儒敏.文学研究中的"汉学心态".顾明栋,周宪."汉学主义"论争集萃[G].北京:中国社会科学出版社,2017:37.

和汉学主义心态。

　　美国的丁玲研究者也不例外,同样具有一种隐秘的学术优越感。这种优越感的重要表现是这些研究者相信他们所接受的西方传统文学理论和相关学术训练的优越性,他们自然将其作为丁玲研究中艺术性评价的出发点和研究标准,用西方的小说评价标准来衡量丁玲小说。这些研究者缺少一种自省和反思,他们相信只有西方的种种理论和学术方法才能彻底、完美地解释丁玲的命运及其作品。丁玲的美国研究者在研究中呈现出一种相对统一且固定的模式,即丁玲的文学和人生命运相关资料来源于中国,但是其研究和阐释的理论框架基本都源于西方。这种模式集中反映在这些研究者的注释中。比如梅仪慈专著《丁玲的小说》第一章《主观性与文学》共有 85 个注释。这 85 个注释大致可以分为三类:第一类出自丁玲的作品,第二类是中外丁玲的研究文献,第三类便是西方的文学文化和电影研究理论。这很具体说明这些研究者基本只运用了西方理论来研究、阐释丁玲。

　　从族裔纬度来说,丁玲的美国研究者分为两大类:一种是地道的美国学者,另一种是华裔。笔者以布乔治为例来分析其丁玲研究的汉学主义表现。布乔治是一个地道的美国学者,是美国学界中丁玲研究关键人物之一,他推动了美国丁玲研究从整体"贬低"到"褒奖"的转折。但是需要明确指出的是布乔治对丁玲的评价标准全部是西方的,他在大量研究中明确指出他对丁玲文学评价标准是韦勒克的《文学原理》。作为一个地道的西方学者,布乔治没有来过中国,也没有接触过丁玲本人。布乔治在丁玲研究中表现出这样的学术选择尚可以认为是一种自然。但是这种看似自然的行为值得警醒与反思。萨义德认为西方学者在阐释东方文化时,不可避免地会带入自己的立场、观点和方法。因此,西方著作中的"东方"往往是西方景观,而不是东方图像。萨义德提醒人们要警惕东西方文化交流中不平等的权力话语,要警惕西方政治、经济、军事等方面的优势所带来的不可避免的"文化帝国主义"的倾向。① 所以对于非中国学者而言,去汉学主义化意味着要清醒认识自己观察中国时所用视角不可避免的主观性,正视以西方模式去研究中国学术可能产生的问题,并尽可能以客观和科学的方法生产中国知识和进行中国研究。②

布乔治这种看似"自然"的行为中潜藏着隐秘的问题。布乔治在运用韦勒克文学理论来解读丁玲的作品时非常自信,这正好说明他缺乏认识论上的自省与自觉意识。美国学者西尔维娅·唐德希尔兹(Silvia Tandeciarz)坚持认为,只有在一个人承认完全了解"他者"的不可能性之后,这个人才能够"检视"对"他者"这个空间的想象行为本身有着特定的目的,暗示着特定的其他选择,但是这些目的和选项可能并没有被表达出来。③ 如果不能意识到这一点,西方学者难免会无意识地进行某种程度上的"学术殖民"。

丁玲华裔研究者的研究心态和标准更值得探讨。这些华裔研究者具有双重身份,因而往往有着一种矛盾心态。他们出生在中国,并在中国度过了青少年时期,后前往美国学习和工作,现在正身处于美国的学术体制中。华裔研究者对美国等西方国家对中国的误解深感不满。比如夏志清原本研究英美文学,只是因为发现美国等西方国家对中国现代文学"一无所知"而改变了学术选择,决心要为中国现代文学(小说)代言,因此促成了美国的中国现代文学学科的产生。但问题的另一面是,虽然夏志清等曾受到过中国传统文化文学的熏陶,然而当他们在研究中国现代文学时,其中国文化文学显然被严重遮蔽和过滤,往往在无意识中已经被西方的优越感和文化学术霸权同化,他们的研究工具基本只有西方理

---

① 陈小眉.西方主义[M].冯雪峰,译.南京:南京大学出版社,2014:259.
② 顾明栋.汉学主义——东方主义与侯志敏主义的替代理论.顾明栋,周宪."汉学主义"论争集萃[G].北京:中国社会科学出版社,2017:309-310.
③ 陈小眉.西方主义[M].冯雪峰,译.南京:南京大学出版社,2014:20.

论,这导致他们习惯性地用西方文学理论来裁量丁玲及其作品。

夏志清的学术经历能有效地说明这一点。虽然夏志清是第一位向西方世界系统介绍现代中国小说的学者,但是他在中国和美国攻读的都是英美文学专业,接受了比较系统的西式文学学术训练。研究中,夏志清发现西方对现代中国文学,尤其是中国现代小说的认知处于空白状态,于是决定写一本中国现代小说史来改变这种状态。作为一个攻读英美文学的华裔学者来向西方介绍现代中国小说这一行为本身充满种种悖论性的张力。一方面,夏志清因为西方社会对中国现代文学成就的无知而不满,另一方面他又认为中国小说与西方小说相比是有欠缺的。因为"小说的现代读者,是在福楼拜与亨利·詹姆斯的实践和理论影响下成长起来的:他们期望得到一个首尾一贯的视角,一个由独具匠心的艺术大师构想设计出来的对人生的一致印象,以及一种完全与作者对待其题材的情感态度相和谐的独特风格;他厌恶作者的公然说教和枝节话语,厌恶作品杂乱无章的结构以及分散其注意力的其他种种笨拙的表现方式"[①]。顾明栋据此认为夏志清完全不顾中国古典小说的独特性,明确批评夏志清把英美传统小说理论作为中国小说的研究标准和规范,由此认为"中国小说没能充分使用小说的写作技巧"。顾明栋同时暗指夏志清因为缺少中国文学文化素养而没有理论资源,没有能力来阐释、表现、捍卫中国小说的艺术特色和成就。[②] 的确,在研究中国小说时夏志清奉西方小说理论和西方价值观为圭臬,不加任何批判地接受了英美文学标准,所以夏志清很难充分肯定中国小说,特别是中国古典小说的成就。夏志清这种态度和标准贯穿于他所有的文学研究活动中,其丁玲研究自

① C.T. Hsia. *The Classic Chinese Novel: A Critical Introduction*[G], New York: Columbia University Press, 1968: 6.
② 顾明栋.汉学主义——东方主义与侯志敏主义的替代理论.顾明栋,周宪."汉学主义"论争集萃[G].北京:中国社会科学出版社,2017: 173.

然也不例外。

梅仪慈在丁玲研究中也表现出了一种文学文化研究无意识，或者说西方理论与评价标准已经内化于梅仪慈，这导致她处处用这个标准来衡量、研究丁玲。丁玲研究的华裔学者"把西方看待世界的方式进行无意识的内化，它也可被看作是自我加强的认识论殖民，它窒息了非西方学者和人民的想象力和创造力。盲目接受西方理论和西方小说写作技巧降低了现代中国小说创作的艺术成就"。① 从这个意义上来说，华裔学者进行了某种程度上的无意识的学术自我殖民。

(五) 丁玲研究者的身份认同

萨义德认为"所有的文化在互相遭遇时，都倾向于将对方归化，人的大脑拒绝接受未曾经过处理的新的东西是非常自然的，因此所有的文化都一直倾向于对其他文化进行彻底的归化，而不是将其他文化作为真实存在的东西而接受，而是为了接受者的利益将其作为应该存在的东西来接受"。② 依据东方主义和汉学主义理论，因为"西方对东方身份的单向表征建构，而东方则处于被表征的失语状态的历史特征"，③美国本土研究者的丁玲研究实际也"是西方表征、规训、惩戒东方的一种话语权力机制"。④ 美国的丁玲学术研究中必然存在某种意义上的等级制表征建构，带有不平等的权力特征。从这个意义上来说，美国丁玲研究是围绕美国和西方读者而开展，从中可以映射出研究者自我身份的建构，丁玲研究成为他们的"自我镜像"，归根结底是为了表征以美国为代表的西方人的自我身份认同。在对中国现代女作家丁玲文学作品和传

---

① 顾明栋.汉学主义——东方主义与侯志敏主义的替代理论.顾明栋，周宪."汉学主义"论争集萃[G].北京：中国社会科学出版社，2017：179.
② 罗如春.后殖民身份认同话语研究[M].北京：中国社会科学出版社，2016：73.
③ 罗如春.后殖民身份认同话语研究[M].北京：中国社会科学出版社，2016：57.
④ 罗如春.后殖民身份认同话语研究[M].北京：中国社会科学出版社，2016：58.

奇命运的研究中,美国本土研究者戈德曼、艾勃等的确对丁玲有好奇,有欣赏,有巨大的同情,但同时也不能否认他们带有一种优越感,而且在具体研究过程中不断确认自身的优越感,以最终完成自身的美国(西方)身份认同。

夏志清、夏济安、梅仪慈、白露等美国华裔研究者的身份认同则更为动态复杂。一方面,他们早年在中国出生、长大,另一方面他们离开中国在美国求学和生存,接受系统的西方理论和相关学术训练,并定居美国。在这样的跨文化语境中,他们必然会产生某种程度上的身份焦虑。他们一方面不满意美国对中国、中国文学、对丁玲的种种认知与判断,同时又自觉或不自觉地以西方学术理论为标准来衡量包括丁玲在内的中国作家。这其中的身份认同充满微妙、复杂的张力与悖论,"他们的主体性就必然地被表现为既不是'中国人'也不是'非中国人',甚至不处于这两个极端间的任何一个位置之上"。①

正是美国的丁玲研究者的国族身份结构相对复杂,他们的丁玲研究也表现出复杂的国族文化身份的认同,我们要意识到其中的文化学术霸权,意识到美国本土研究者的优越感和华裔研究者或隐或现的优越感、自卑感,这样才有可能破除美国丁玲学术研究中的霸权主义和殖民主义,构建平等的对话式关系,在丁玲研究中完成尽可能相对平等的文化身份认同。

三、本 章 小 结

如何认知、评判美国丁玲研究的价值,这本身就是一个值得关注的命题。这个命题可以转换成另一个相关的命题,即如何评价

① 陈小眉.西方主义[M].冯雪峰译.南京:南京大学出版社,2014:170.

汉学的问题。温儒敏认为"汉学很重要,是可供本土学科发展借鉴的重要的学术资源,但借鉴不是套用,对汉学盲目崇拜,甚至要当作本土的学术标准或者摹本,这种心态并不利于学科的健康发展"。[①] 换言之,汉学的产生与存在自有其重要意义和价值,但是也不能把汉学当成规范和标准。

首先,从认识论而言,任何人都不可能彻底认知其他人或事物,所以从逻辑上讲,美国丁玲研究的历史合理性与历史局限性同时存在,必然不能穷尽丁玲之研究,必然存在内在的种种缺陷与不足,不可能完美无缺。

其次,丁玲的美国研究者存在一定程度上的汉学主义心态,有一种秘而不宣的优越感,这也必然导致美国丁玲研究存在某种不足。所以,我们不能不警醒中国本土学者,美国丁玲研究主要是面向西方读者的,美国的丁玲知识和话语归根结底是一种西方图景。我们应该吸取其中的智慧和洞见,同时抵制丁玲的美国研究者有意识或无意识的学术殖民。我们不能将"借鉴"等同于"套用",不能将美国的丁玲研究观点和成果作为追赶的学术标准,要警惕美国丁玲研究中出现的或明显或隐藏着的学术殖民,同时更要防止我们自身出现学术自我殖民。因为对美国的丁玲研究过度的崇拜会导致中国本土丁玲研究出现学术惰性,盲目追随、照搬美国丁玲研究成果会严重影响中国本土丁玲研究的创新能力和原创意识。

最后,美国丁玲研究在当下历史文化语境中的确表现出了明显的意识形态性,即对中国共产党领导的中国革命和新政权存在着显而易见的偏见。这也导致丁玲的美国研究者在阐释丁玲这样一个积极投身于中国革命的女作家过程中必然会出现种种误解和偏见。

---

① 温儒敏.文学研究中的"汉学心态".顾明栋,周宪."汉学主义"论争集萃[G].北京:中国社会科学出版社,2017:35.

结　语

美国研究者对丁玲的关注源于丁玲是解读现代中国、现代中国革命和中国现代文学最具有典范性的作家。作为革命女作家的丁玲与中国现代革命的复杂关系引人注目，她与现代中国、现代中国革命互为镜像。

美国的丁玲研究从产生至今已有 70 余年。研究者发生了数次代际变迁，各种观点令人眼花缭乱。研究者主要围绕着丁玲的"女性情爱书写"、"女性与革命"、丁玲文学"政治性和艺术性纷争"这三个问题展开，各抒己见，创造了各具特色的"丁玲形象"和"丁玲故事"。

美国的丁玲研究出现了日益复杂化、理论化、女性主义化和文化化的研究趋势，丁玲形象也随之发生巨大的历史变迁。在诸多研究者中，夏志清、夏济安、布乔治、梅仪慈、白露、颜海平的丁玲解读与阐释具有开创性和转折性之历史意义。夏志清的中国现代文学研究促使丁玲第一次出现在美国的学术研究中。夏志清从整体上对丁玲持有严苛的激烈的负面批判。活跃于冷战时期的夏志清对中国 20 世纪二三十年代出现的自由恋爱潮流表现出一种道德保守主义立场，自然难以解读出自由恋爱对现代中国所具有的革命性意义。夏志清对丁玲早期作品中出现的女性情爱描写不无嘲讽，并将这种嘲讽态度延伸到了评价丁玲本人的私生活。夏志清激烈抨击丁玲革命小说，把丁玲在中国左翼文学批评界深受好评的《水》《太阳照在桑干河上》等作品称为"宣传的滥调"。夏志清认为这些作品丧失了基本的真实性、审美性与文学性。夏志清因为可分析的历史和个体原因将丁玲定位于"艺术性不高的左翼(共产主义)作家"。这个观点对包括中国在内的丁玲作品的传播与接受产生了巨大的负面影响,而且这种负面影响至今没有得到有效消除,仍发挥着巨大作用。

国内外学者鲜有人论及夏济安的丁玲研究。其实,夏济安的丁玲解读具有不可忽视的转折性意义。夏济安虽然批判丁玲"革命＋恋爱"系列作品(如《一九三〇年春上海》)对革命想象与革命叙事之幼稚,但是他认为其中丁玲对女性的情爱书写与中国革命具有某种意义上的同一性。夏济安同时认为丁玲在描写"非革命"的生活片段时表现了卓越的艺术才能。与夏志清一样,夏济安不欣赏《水》《田保霖》《太阳照在桑干河上》等作品,但是他不吝赞美地高度评价了丁玲在 1942 年延安文艺座谈会之前创作的《我在霞村的时候》《在医院中》《我们需要杂文》等一批作品。在夏济安的阐释中,丁玲的这批作品达到了至善至美的高度。夏济安认为这些作品才真正代表了丁玲文学创作的水准和成果。这个观点在美国学界产生了重大影响。夏志清后来对丁玲观点的改变也是因为丁玲延安早期的这批作品。夏济安明确提出了丁玲与革命之间存在的某种矛盾,他对丁玲的悲剧性命运深表同情,分析、批判了相关社会制度,开启了西方中国现代文学和左翼文学研究领域中的"悲剧说"。

布乔治是美国第一个全面研究丁玲的学者。布乔治遵循韦勒克的文学批评原则对丁玲 1942 年之前的文学创作进行了解读。布乔治的丁玲研究对夏志清和夏济安的观点有批判,有继承。布乔治分析了丁玲创作动力之缘由,强烈抗议了夏志清对丁玲整体性的负面评价。虽然布乔治也认为丁玲的某些作品可以等同于宣传品,但他同时也以为丁玲某些作品是"精美的艺术珍品"。布乔治前所未有地详细解读了丁玲笔下作为中国现代社会先行者的现代女性之觉醒、孤独、迷茫、倔强和自我搏斗以及丁玲文学的革命转向。布乔治同样意识到丁玲与中国革命之间具有某种复杂关系,即丁玲一方面一直坚持为革命服务,一方面仍保持了作家的某种独立性。布乔治为丁玲的遭遇感到不平。可惜的是布乔治的丁玲研究在美国没有产生大的影响,未能有效地撼动夏志清的主导性影响。布乔治的观点在中国大陆更是鲜有人知。此后,梅仪慈的丁玲研究在中美的中国现代文学学界均产生了较大影响。笔者认为梅仪慈的观点基本是布乔治观点的延伸和加强。

　　白露的出现具有重大意义,标志着美国丁玲研究的女性主义转向和文化研究转向的实现。"女性主义"是白露之丁玲解读的宗旨,坚定的女性主义者白露把女作家丁玲解读为一个坚定的女性主义者,即丁玲的作者身份、文学作品以及丁玲的实际革命工作都是围绕"女性主义"和"女性"而展开。在白露的阐释中,丁玲笔下的女性性爱权利具有革命性,不仅具备了性别意义,同时具备了国族和人种的战略价值。白露深入挖掘了丁玲作品中所呈现的社会化工作和劳动对女性的重大意义。白露认为丁玲作品凸显了社会化劳动和工作是女性挣脱自然生理冲动的有效途径,是解决女性人生各种问题的唯一方法。以此为前提,白露认为丁玲和她的女性必然会参加中国现代革命,并成为革命中一种重要的、不可或缺的力量。白露用带有强烈个人风格的研究范畴,如进步论中国女性主义、殖民现代性、革命现代性等来阐释丁玲在不同历史阶段女性形象的变迁。

　　颜海平的丁玲研究让人耳目一新。颜海平比白露更为激进,她不仅是女性主义者,而且是革命的女性主义者。颜海平力图颠覆西方、美国传统的丁玲认知与判断,反驳了美国主流的对丁玲文学因革命写作而出现的反差与断裂的负面批判。颜海平打破、扩展了西方传统的文学定义,把丁玲为代表的革命女作家想象性、审美性的文学叙事和写作行为定义为革命行为,定位为一种改变社会的社会革命实践活动。而且,颜海平以传统的弱者群体"女性"为杠杆和连接点,把女作家的写作革命行为与社会结构中的种种"弱者"问题融为一体。颜海平关注的焦点是女作家丁玲在文学叙事中想象、虚构、唤起的弱者可能的主体性呈现,即"自我觉醒、自我转换和自我革命",以打破现存社会的"强弱二者之间的先天、自然和固化逻辑",以谋求社会正义和社会进步。在这个意义上,颜海平在研究中成功实现了女性主义的超越性,并把女性主义的"女性关怀"与一般意义上的对弱者的人文关怀进行了统一和融合。颜海平因此将丁玲为代表的女作家安置在中国现代革命的先锋位置上。以丁玲为代表的这些女作家不仅是现代中国革命的追随者和参与者,更是这场革命的领导者和推动者。

总之,美国的丁玲日益复杂化与立体化。种种不同研究观点体现了研究者所处时代的历史规定性,也表现了研究者各自的创造性与主体性。这些观点表征了长达 70 余年的研究历史中美国研究者对现代中国革命的认知变迁,表征了他们关于社会身份、意识形态、社会性别、他者、文学、政治、革命等议题的认知和价值判断的变迁。

如何理解美国丁玲研究成果的复杂与流变? 如何理解美国丁玲研究纷繁复杂的各种观点? 美国新历史主义批评学者孟酬士为文学作品具有"相对的自主性"而辩护,认为文学作品"具有证据的地位,可以证明人类具有下述能力: 他们能对文本产生的时代和地区的社会文化状况作出回答,而不只是产生反应"。[1] 文学研究何尝不是如此? 美国的丁玲研究者既具有历史的规定性,同时又具有历史的主动性和创造性,所以他们的丁玲研究不仅仅是镜子,折射出他们身处的时代环境的特点,更是一盏灯,在某种程度上照

---

[1] 张京媛.新历史主义与文学批评[M].北京: 北京大学出版社,1993: 103.

亮,并回答了他们身处时代的困惑。当代阐释学认为人们总是在人们所遭际的境遇中进行理解活动。这意味着美国的研究者对丁玲的解读、阐释和理解从一开始便必然受到各自特殊际遇的限制,其际遇的特殊性与历史性具体决定了研究者的视域,即研究者理解的边界。研究者总是从他自身特定的、占主导地位的认知和价值判断来解读丁玲,每个研究者都必然有着自己的特殊的"前见"。这必然导致产生有关丁玲研究成果的多样化。这些观点之间彼此对话、交锋、传承、争辩、应和、呼应、反驳,互文性地塑造了美国丁玲研究的场域和地形图。这些研究成果从不同角度挖掘了丁玲的精神遗产资源,表现了美国学者对文学、作家、女性、革命、政治等诸多学术命题和社会问题的高度关切。

　　美国丁玲研究没有穷尽,也不会穷尽,必然存在新的研究可能与空间。首先,这是因为丁玲作为现代中国女性革命作家所呈现的丰富性、复杂性和典范性。人们尚未对丁玲进行可以堪称"非常成熟"的解释。美国的研究者颜海平认为革命女作家丁玲其人其作潜藏着一种巨大的能量,当下的人们尚未能对这种能量有效地命名和认知。这说明丁玲的先锋性与复杂性仍有待后人进行挖掘与阐释。其次,更为重要的是,美国丁玲研究将永远处于"未完成"状态。列宁指出:"人不能完全把握、反映、描绘全部自然界,它是直接的整体,人在创立抽象、概念、规律、科学的世界图画等等时,只能永远地接近于这一点。"①所谓"接近",意味着到达和完成是不可能的。当代知识论也认为"知识永远是未完成的",没有人能宣称自己的观点是完全正确的。从某种意义上来说,对任何文本进行的任何一种解读和阐释都有自己的历史合理性,也同时存在着不可避免的偏见。新历史主义理论的基本假设之一,在于认定"没有任何一种话语可以引导我们走向固定不变的真理,亦没有任

---

① 张冠华.新时期文艺理论界四"癖"之反思//中国中外文艺理论学会年刊[G].2008. 7.16.

何一种话语可以表达不可更改的人的本质"。① 当代阐释学认为任何文本都没有给定的意义,而且时代总会给人们提出新的问题。从这个意义上而言,美国的丁玲研究也必然具有强大的生命力,人们可以持续不断地从丁玲及其作品中挖掘其精神价值。

美国的丁玲研究对中国现代文学和丁玲研究都具有重要意义。丁玲已然成为一个具有国际性、全球化意义的中国现代作家和研究对象,这已经是一个不争的事实。在全球化时代,学术研究已经超越了单一的国族边界,全球化的视野和比较的方法成为学术研究的必然。丁玲研究自然也是如此。在本课题研究中,笔者发现美国的丁玲研究者注重收集中国的丁玲研究成果,择善利用。梅仪慈几乎收集、借鉴了 1930 年代至 1970 年代所有的丁玲相关资料。艾勃、白露和颜海平追踪了 1980 年代以来中国大陆最新的丁玲研究成果。但是中国大陆学界对美国的丁玲研究成果的收集、译介与传播尚存在很大的空间。最为直接的后果便是直到目前中国高校现当代文学教材中丁玲研究和评价大多仍停留在夏志清时代,没有充分借鉴、吸收美国丁玲研究的最新成果和相关思想资源。

此外,美国丁玲研究的本质是围绕丁玲展开各种知识和话语建构,这种知识和话语建构与美国的历史文化语境,特别是文学文化批评理论紧密关联。美国的丁玲研究者因此具有各自具体的立场、理论资源和话语言说,更加不同于中国的丁玲研究者。美国丁玲研究必然成为中国大陆丁玲研究的重要参照。但是需要特别指出的是:除了颜海平,美国的丁玲研究者对中国共产党领导的中国革命存在显而易见的偏见,这必然导致他们在阐释丁玲这样一个积极投身于中国革命的女作家之过程中会出现种种误解和偏见,美国的丁玲研究最终还是表现了研究者对美国社会文化的深

---

① 陶东风.文学理论基本问题[M].北京:大学出版社,2012:108.

层次认同。因此在借鉴美国丁玲研究成果的同时，我们应该警惕
美国学界生产的丁玲知识和话语中或隐或现的优越感和某种程度
上的文化霸权、学术殖民，揭示其偏见及其产生的意识形态根源，
以保障中国本土学界丁玲研究的原创性和创造力。

参 考 文 献

一、英文部分

[1] Andors, Phyllis. *Social Revolution and Women's Emancipation: China During the Great Leap Forward. Bulletin of Concerned Asian Scholars*, 1975(1).

[2] Bonnie S. Mcdougall. *Disappearing Women and Disappearing Men In May Fourth Narrative: A Post-Feminist Survey of Short Stories By Mao Dun, Bing Xin, Ling Shuhua and Shen Congwen* [J]. *Asian Studies Association of Australia*, 1998(4).

[3] Bunch-Weeks, Charlotte. *Asian Women in Revolt. Women a Journal of Liberation* (Summer, 1970).

[4] C. T. Hsia. *A History of Modern Chinese Fiction* [M]. Indiana University Press, 1999.

[5] Chang Yu-fa. *Women a New Social Force. Chinese Studies in History*, 1977 – 1978(2).

[6] Charles J. Alber. *Enduring the Revolution: Ding Ling and the Politics of Literature in Guomindang China* [M]. Westport: Praeger Publisher, 2002.

[7] Charles J. Alber. *Embracing the Lie: Ding Ling and the Politics of Literature in the People's Republic of China*

[M]. Westport: Praeger Publisher, 2004.

[8] Chang Jun-mei. *Ting Ling: Her Life and Her Work* [M]. Taipei: Institute of International Relations, 1978.

[9] Ding, Ling. *I Myself Am a Woman : Selected Writings of Ding Ling*, edited by Tani E. Barlow with Gary J. Bjor. Beacon Pr.

[10] Ding Ling. *The Power of Weakness/Ding Ling and Lu Hsun*, with an Introduction by Tani E. Barlow. Feminist Press at the City University of New York.

[11] David Aers, Jonathan Cook, David Punter. *Romanticism and Ideology: Studies in English Writing 1765—1830* [M]. London: Routledge and Regan Paul, 1981.

[12] Eber, Irene. *Images of Women in Recent Chinese Fiction: Do Women Hold Up Half the Sky?* Signs, 1976(2).

[13] Edward A. Gargan. *Ding Ling, 82, Dies In Peking; One Of China's Top Writers. The New York Times*, March 5, 1986, Wednesday.

[14] Feuerwerker, Yi-tsi. *The Changing Relationship. Between Literature and Life: Aspects of the Writers Role in Ting Ling*. Michigan: University of Michigan Papers, 1974.

[15] Feuerwerker, Yi-tsi. *Ding Ling's Fiction: Ideology and Narrative in Modern Chinese Literature*. Harvard University Press. 1982.

[16] Feuerwerker, Yi-Tsi. *In Quest of the Writer Ding Ling. Feminist Studies*, 1984(1).

[17] Feuerwerker, Yi-Tsi. *The Use of Literature: Ding Ling at Yan'an*. Conference paper, 1978.

[18] Frances Wood. *Miss Sophie's Diary and Other Stories. By*

Ling Ding. *China Quarterly*, 1987.

[19] Gary John Bjorge. *Ting Ling's Early Years: Her Life and Literature Through 1942* [M]. Ann Arbor, Mich, 1977.

[20] Gerald Prince. *Narratology: The Form and Functioning of Narrative* [M]. Berlin: Mouton Publisher, 1982.

[21] Gianna Chen Ty Quach. *The Myth of the Chinese In the Literature of The Late Nineteenth and Twentieth Centuries* [D]. Columbia University, 1993.

[22] Goldman, Merle. *Writers Criticism of the Party in 1942. China Quarterly*, 1964(17).

[23] Hedberg, H. *Observations by a Swedish Correspondent in Communist China.* U. S. Joint Publications Reserrch Service, 1961(20).

[24] Hedberg, H. *Calloused Eands, No Lipstick-The Ideal of Chinese Women.* U. S. Joint Publications Research Service, 1960(17).

[25] Hsia, C. T. *Residual Femininity: Women in Chinese Communist Fiction. China Quarterly*, 1963(13).

[26] Hsia, T. A. *Heroes and Hero Worship in Chinese Communist Fiction.* in Byril Birch, ed. Chinese Communist Literature. New York: Praeger, 1963.

[27] Jianmei Liu. *Revolution plus Love: Literary History, Women's Bodies, and Thematic Repetition in Twentieth-century Chinese Fiction* [M]. Honolulu: University of Hawaii Press, 2003.

[28] Jin Feng. *From "Girl Student" to "Woman Revolutionary": The Representation of The Deracinated Woman In Chinese Fiction of The May Fourth era.* The University of

Michigan，2000.

[29] Jing Nie. *Paradigms of flexible configurations: I-generation and Beijing-punks in Wang Meng，Xu Xing，and Chun Shu. China Information*，2010(24)：191.

[30] Jing Tsu，*Failure，Nationalism，and Literature: The Making of Modern Chinese Identity，1895 – 1937* [M]. Stanford University Press，2005.

[31] John Beyer. *Profile Ding Ling.* Index on Censorship 1980. Http：//ioc. saqepub. com/ content/9/1/35. citation.

[32] Kathleen B. Semergieff. *The Changing Roles of Women In The People's Republic of China，1949 – 1967: with a Case Study of Ting Ling.* St. John's University，1981.

[33] Lisa R. Snowden. *Chinese DéJàvu: Parallels Between The Urban Popular Cultures of Republican and Post Mao China* [D]. the University of Kansas，2009.

[34] Liu Wen. *Representation of Women and Dramatization of Ideology in Modern Chinese Literature* [D]. Oregon：University of Oregon，2003.

[35] *Lo Man-wa. Body Politics and Female Subjectivity in Modern English and Chinese Fiction* [D]. The Chinese University of Hong Kong，2000.

[36] Luding Tong. *Writing and Transformation: In Search of Female Subjectivity In Modern Chinese Women's Fiction* [D]. Washington University，2000.

[37] Lydia He Liu. *The Politics of First-person Narrative in Modern Chinese Fiction* [D]. Harvard University，1990.

[38] Michael Gotz. *The Development of Modern Chinese Literature Studies in the West: A Critical View. Modern China* 1976

(2): 397.

[39] Merle Goldman. *Literary Dissent in Communist China* [M]. Cambridge, Mass: Harvard University Press, 1967.

[40] Nicolai Volland. *A Linguistic Enclave: Translation and Language Policies in the Early People's Republic of China. Modern China* 2009(35): 467.

[41] Norman Smith. *Disrupting Narratives: Chinese Women Writers and the Japanese Cultural Agenda in Manchuria, 1936-1945. Modern China* 2004(30): 295.

[42] Ren Xiankai. *Review of Charles J. Alber's Two Biographies for Ding Ling, Well-known Women Writers in Modern China* [J]. Chengdu: *Journal of Sino-Western Communication,* 2009(1).

[43] Rey Chow. *Women and Chinese Modernity: The Politics of Reading between West and East* [D], Minnesota: University of Minnesota Press, 1991.

[44] Tani E. Barlow. *Feminism and Literary Technique in Ting Ling's Early Short Stories, Women Writers of 20th Century China* [M]. Angela Jung Palandri, ed. Oregon: Asian Studies Program, University of Oregon, 1982.

[45] Tani E. Barlow. *I Myself Am a Woman: Selected Writings of Ding Ling* [M], Boston: Beacon, 1989.

[46] Tani E. Barlow. *The Question of Women in Chinese Feminism.* Durham and London: Duke University Press, 2004.

[47] Ting Zhu. *Examining The Representation Of Modern Women In 20th Century Modern Chinese Fiction: The Search For Self In Comparison Of Works By Women Authors Ding Ling And Eileen Chang.*

[48] Tong Luding. *Writing and Transformation: In Search of Female Subjectivity in Modern Chinese Women's Fiction* [D]. St. Louis：Washington University，2000.

[49] Xu Qingquan. *Geming tunshi tade ernü: Ding Ling，Chen Qixia fandang jituan anjishi*（*The Revolution Devours Its Own Children: The True Story of the Ding Ling — Chen Qixia Anti-Party Clique*）. Hong Kong：The Chinese University Press，2008.

[50] Yan Haiping. *Chinese Women Writers and the Feminist Imagination，1905－1948* [M]. Mark Selden，ed. London：Rutledge，2006.

[51] Yingjin Zhang. *Re-envisioning the Institution of Modern Chinese Literature Studies: Strategies of Positionality and Self-Reflexivity. Positions*，1993(1).

[52] Yun Zhu. *Subjectification of the Female Body in Ding Ling's "In the Summer Vacation"*. Intertexts，2011(1).

[53] *The Power of Weakness/Selected Works of Ding Ling and Lu Hsun*，with an Introduction by Tani E. Barlow. New York. The Feminist Press，2007.

二、中文部分

[54] 陈芳,张永泉.对"人的解放"的不懈追求——丁玲小说论[D].河北师范大学,2005.

[55] 陈芳.对"人的解放"的不懈追求：丁玲小说论[D].河北师范大学,2005.

[56] 陈素敏.徘徊在人与政治之间——论丁玲的精神历程[D].河北师范大学,2007.

[57] 陈明,查振科,李向东.我与丁玲五十年：陈明回忆录[M].北

京：中国大百科全书出版社，2010.

[58] 丁玲，马会芹.丁玲情语[M].长沙：岳麓书社，2001.

[59] [美]丁淑芳.丁玲和她的母亲：人文心理学研究[M].范宝慈译.厦门：厦门大学出版社，2006.

[60] 丁玲与延安选编小组编.第八次丁玲文学创作国际研讨会论文集[M].西安：陕西人民教育出版社，2001.

[61] 丁玲文学创作国际研讨会文集编选小组.中国现当代文学一颗耀眼的巨星——丁玲文学创作国际研讨会文集[M].长沙：湖南文艺出版社，1994.

[62] 丁玲创作六十周年学术讨论会编选小组.丁玲与中国新文学——丁玲创作六十周年学术讨论会专集[M].厦门：厦门大学出版社，1988.

[63] 丁玲创作讨论会专集编选小组.丁玲创作独特性面面观——全国首次丁玲创作讨论会专集[M].长沙：湖南文艺出版社，1986.

[64] 丁言昭.别了，莎菲[M].北京：人民文学出版社，2001.

[65] 丁言昭.丁玲传[M].上海：复旦大学出版社，2011.

[66] 丁言昭.在男人的世界里——丁玲传[M].上海：上海文艺出版社，1998.

[67] 郜元宝，孙洁.三八节有感——关于丁玲[M].北京：北京广播学院出版社，2000.

[68] 蒋祖林，李灵源.我的母亲丁玲[M].沈阳：辽宁人民出版社，2004.

[69] 蒋素珍.文艺与政治的歧途——矛盾的丁玲[D].河北大学，2006.

[70] 李达轩.丁玲与莎菲系列形象[M].长沙：湖南文艺出版社，1991.

[71] 李辉.沈从文与丁玲[M].武汉：湖北人民出版社，2005.

[72] ［美］里夫,叶舟.丁玲——新中国的女战士[M].北京:全国图书馆文献缩微中心,2007.

[73] 李向东,王增如.丁玲年谱长编[M].天津:天津人民出版社,2006.

[74] 李果.褒贬毁誉之间——丁玲研究之研究[D].郑州大学,2005.

[75] 刘云丽.丁玲与现代意识[D].河北师范大学,2007.

[76] 刘瑜.丁玲小说女性意识解读——1927—1948年间丁玲小说中心话语走向论析[M].成都:四川文艺出版社,2006.

[77] 刘敬伟,古世仓.丁玲现代小说中女性自我意识的嬗变[D].兰州大学,2008.

[78] 马欢.丁玲"左转"问题探究[D].河北师范大学,2010.

[79] 梅仪慈.丁玲的小说[M].沈昭铿,严锋,译.厦门:厦门大学出版社,1992.

[80] 彭漱芬.丁玲小说的嬗变[M].长沙:湖南文艺出版社,1991.

[81] 秦林芳.丁玲的最后37年[M].北京:中国文史出版社,2005.

[82] 任显楷.跨学界比较实践中美学界的丁玲研究[M].成都:四川文艺出版社,2010.

[83] 孙瑞珍,王中忱.丁玲研究在国外[M].长沙:湖南人民出版社,1985.

[84] 沈从文.记丁玲[M].南京:江苏教育出版社,2005.

[85] 涂绍钧.丁玲传[M].长春:长春出版社,2012.

[86] 涂绍钧.纤笔一枝谁与似——丁玲[M].北京:人民日报出版社,2009.

[87] 魏颖.历史漩涡中的身份嬗变——丁玲小说创作研究[M].长沙:中南大学出版社,2008.

[88] 王中忱,尚侠.丁玲生活与文学的道路[M].长春:吉林人民出版社,1982.

［89］汪洪.左右说丁玲［M］.北京：中国工人出版社,2002.

［90］王增如.无奈的涅槃：丁玲最后的日子［M］.上海：上海书店出版社,2003.

［91］王增如,李向东,编.丁玲年谱长编：1904—1986（上、下卷）［M］.天津：天津人民出版社,2006.

［92］许华斌.丁玲小说研究［M］.上海：复旦大学出版社,1990.

［93］许馨.网络资源下的学术研究——以丁玲研究为例［M］.合肥工业大学出版社,2008.

［94］新气象新开拓选编小组.第十次丁玲国际学术研讨会文集［M］.上海：同济大学出版社,2009.

［95］袁良骏.丁玲研究资料［M］.北京：知识产权出版社,2011.

［96］袁良骏.丁玲研究资料［M］.天津：天津人民出版社,1982.

［97］杨桂欣.观察丁玲［M］.北京：大众文艺出版社,2006.

［98］杨桂欣.情爱丁玲——惊世女子骇俗恋［M］.北京：文化艺术出版社,2006.

［99］杨桂欣.我所接触的暮年丁玲［M］.北京：中国广播电视出版社,2004.

［100］杨桂欣.丁玲与周扬的恩怨［M］.武汉：湖北人民出版社,2006.

［101］杨桂欣.丁玲评传［M］.重庆：重庆出版社,2001.

［102］杨桂欣.丁玲创作纵横谈［M］.长沙：湖南人民出版社,1984.

［103］张琳.丁玲女性意识的演变［D］.安徽大学,2007.

［104］张炯,蒋祖林,王中忱.丁玲全集［M］.河北：河北人民出版社,2001.

［105］张永泉.个性主义的悲剧：解读丁玲［M］.北京：中国社会科学出版社,2005.

［106］周良沛.丁玲传［M］.北京：北京十月文艺出版社,1993.

［107］中国丁玲研究会.二十世纪中国社会变革的多彩画卷——丁

玲百年诞辰国际学术研讨会论文集[G].长沙：湖南文艺出版社,2006.

[108] 中国丁玲研究会.丁玲研究[M].长沙：湖南师范大学出版社,1992.

[109] 阿尔佛雷德·诺思·怀特海,杨富斌译.过程与实在[M].北京：中国城市出版社,2003.

[110] 白浩.无政府主义精神与 20 世纪中国文学[M].北京：中国社会科学出版社,2008.

[111] 顾明栋.汉学主义、东方主义与后殖民主义的替代理论[M].张强,段国重,冯涛,译,北京：商务印书馆,2015.

[112] 陈惠芬,马元曦.当代中国女性文学文化批评文选[M].桂林：广西师范大学出版社,2007.

[113] 陈晓明.现代性与中国当代文学转型[M].昆明：云南人民出版社,2004.

[114] 陈晓明.现代性的幻象：当代理论与文学的隐蔽转向[M].福州：福建教育出版社,2008.

[115] 陈思和.中国当代文学关键词十讲[M].上海：复旦大学出版社,2002.

[116] 陈平原.中国小说叙事模式的转变[M].北京：北京大学出版社,2010.

[117] 程光炜.踩空的踏板[M].昆明：云南人民出版社,2001.

[118] 崔卫平.知识分子二十讲[M].天津：天津人民出版社,2009.

[119] [美] 弗雷德里克·詹姆逊.政治无意识——作为社会象征行为的叙事[M].北京：中国社会科学出版社,1999.

[120] 季水河.美学理论纲要[M].长沙：湖南人民出版社,2011.

[121] [德] 汉斯·罗伯特·耀斯.审美经验与文学解释学[M].上海：译文出版社,2006.

[122] 何言宏.中国书写——当代知识分子写作与现代性研究

[M].北京：中央编译出版社,2002.

[123] 贺桂梅.历史与现实之间[M].济南：山东文艺出版社,2008.

[124] 贺桂梅.人文学的想象力——当代中国思想文化与文学问题[M].开封：河南大学出版社,2005.

[125] 贺桂梅.转折的时代：40—50 年代作家研究[M].济南：山东教育出版社,2003.

[126] 胡经之,王岳川,李衍柱.西方文艺理论名著教程(上、中、下卷)[M].北京：北京大学出版社,2003.

[127] 黄敏兰.学术救国——知识分子历史观与中国政治[M].郑州：河南人民出版社,1995.

[128] 黄修已.20 世纪中国文学史(上卷)[M].广州：中山大学出版社,1998.

[129] 洪子诚.文学与历史叙述[M].开封：河南大学出版社,2005.

[130] 洪子诚.当代文学关键词[M].桂林：广西师范大学出版社,2002.

[131] 焦润明.当代中国社会文化变迁录[M].沈阳：沈阳出版社,2001.

[132] 金元浦.文学解释学——文学的审美阐释与意义生成[M].长春：东北师范大学出版社,1997.

[133] 季水河.美学理论纲要[M].长沙：湖南人民出版社,2011.

[134] 罗婷.女性主义文学与欧美文学研究[M].北京：东方出版社,2002.

[135] 罗婷等.女性主义文学批评在西方与中国[M].北京：中国社会科学出版社,2004.

[136] 李欧梵.中国现代文学与现代性十讲[M].上海：复旦大学出版社,2008.

[137] 李咏吟.诗学解释学[M].上海：上海人民出版社,2003.

[138] 黎仁凯.动荡中的历史抉择——近代知识分子的追求[M].

郑州：河南人民出版社,1992.

[139] 刘思谦."娜拉"言说——中国现代女作家心路纪程[M].开封：河南大学出版社,2007.

[140] 刘小枫.沉重的肉身[M].北京：华夏出版社,2010.

[141] 梁从诚.现代社会与知识分子[M].沈阳：辽宁人民出版社,1989.

[142] 陆文采.中国现代女作家论——女性美的探索者[M].济南：山东文艺出版社,1988.

[143] 陆文彩.中国现代文学女性形象初探[M].沈阳：辽宁大学出版社,1987.

[144] 孟悦,戴锦华.浮出历史地表——现代妇女文学研究[M].北京：中国人民大学出版社,2004.

[145] [捷] 普实克：中国现代文学史的根本问题[M].长沙：湖南文艺出版,1989.

[146] 钱理群.中国现代文学三十年[M].北京：北京大学出版社,1998.

[147] [美] 史景迁.天安门——知识分子与中国革命[M].北京：中央编译出版社,1998.

[148] 盛英.二十世纪中国女性文学史(上册)[M].天津：天津人民出版社,1995.

[149] 陶东风,王南.文学理论基本问题[M].北京：北京大学出版社,2005.

[150] 陶东风.中国革命与中国文学[M].哈尔滨：黑龙江人民出版社,2009.

[151] 童真.狄更斯与中国[M].湘潭：湘潭大学出版社,2008.

[152] 汪熙,张济顺,邬红伟.中国知识分子的美国观(1943—1953)[M].上海：复旦大学出版社,1999.

[153] 王德威.想象中国的方法：历史·小说·叙事[M].上海：生

活·读书·新知三联书店,1998.

[154] 王德威.现代中国小说十讲[M].上海：复旦大学出版社,
2003.

[155] 王德威,陈思和,许子东.一九四九以后——当代文学六十年
[M].上海：上海文艺出版社,2011.

[156] 温儒敏,李宪瑜,贺桂梅,姜涛.中国现当代文学学科概要
[M].北京：北京大学出版社,2006.

[157] 吴小攀.评夏志清《中国现代文学史》中的"意识形态"[J].广
州：华文文学,2007.

[158] [美]夏志清.中国现代小说史[M].刘绍铭译.上海：复旦大
学出版社,2005.

[159] 许纪霖.中国知识分子十论——名家专题精讲[M].上海：复
旦大学出版社,2003.

[160] 徐仲佳.现代性爱的中国形象简史——中国现代爱情小说抽
样分析[M].哈尔滨：黑龙江人民出版社,2009.

[161] 徐亮.文论的现代性与文学理性[M].汉洲：浙江大学出版
社,2005.

[162] 叶舒宪.文学与人类学——知识全球化时代的文学研究
[M].北京：社会科学文献出版社,2003.

[163] [美]约翰·B.汤普森.意识形态与现代文化[M].高铦译,
南京：译林出版社,2005.

[164] 杨义.文化冲突与审美选择——二十世纪中国小说的文化分
析[M].北京：人民文学出版社,1988.

[165] 余虹.革命·审美·解构：20世纪中国文学理论的现代性与
后现代性[M].桂林：广西师范大学出版社,2001.

[166] 张汝伦.现代西方哲学十五讲[M].北京：北京大学出版社,2011.

[167] 张京媛.当代女性主义文学批评[M].北京：北京大学出版
社,1992.

[168] 朱立元.西方美学思想史[M].上海：上海人民出版社,2009.

[169] 周宪.文化表征与文化研究[M].北京：北京大学出版社,
2002.

[170] 王蒙.我心目中的丁玲[J].当代作家评论：1997(3).

[171] 盛宁.试论当代美国文学批评的发展倾向[J].外国文学评
论,1988(1).

[172] 王德威,张清芳,译.英语世界的现代文学研究之报告[J].海
南师范大学学报,2007(3).

[173] 白杨,崔艳秋.英语世界里中国现当代文学研究的格局与批
评范式[J].吉林大学社会科学学报,2014(6).

[174] 王增如,李向东.丁玲年谱长编[M].天津：天津人民出版社,
2006.

[175] 王晓伟.丁玲小说英译的副文本研究——以白露的丁玲英译
选本为例[J].南方文坛,2016(5).

[176] 夏济安.黑暗的闸门：中国左翼文学运动研究[M].万芷均,
陈琦,裴凡慧等,译.香港：香港中文大学出版社,2016.

[177] 汤尼·白露.中国女性主义思想史中的妇女问题[M].沈齐
齐等,译.上海：上海人民出版社,2012.

[178] 颜海平.中国现代女性作家与中国革命[M].北京：北京大学
出版社,2011.

[179] 夏志清.中国现代小说史[M].刘绍铭等,译.上海：复旦大学
出版社,2005.

[180] 李欧梵.抒情与史诗：现代中国文学论集[G].上海：上海三
联书店,2010.

[181] 李欧梵.现代中国作家的浪漫一代[M].王宏志等,译.北京：
新星出版社,2010.

[182] 马尔库塞.审美之维[M].李小兵译.桂林：广西师范大学出
版社,2001.

[183] 王德威.小说中国:晚清到当代的中文小说[M].台北:麦田城邦文化出版,2012.

[184] 二十世纪中国社会变革的多彩画卷——丁玲百年诞辰国际学术研讨会论文集[G].长沙:湖南文艺出版社,2004.

[185] 张京媛.新历史主义与文学批评[M].北京:北京大学出版社,1993.

[186] 张冠华.新时期文艺理论界四"癖"之反思[J].探索与争鸣,2007(6).

[187] 陶东风.文学理论基本问题[M].北京:北京大学出版社,2012.

[188] 凯特·米利特:性政治[M].宋文伟译.南京:江苏人民出版社,2003.

[189] 李银河.性的问题·福柯与性[M].北京:文化艺术出版社,2003.

[190] 米歇尔·福柯.性经验史[M].佘碧平译.上海:上海人民出版社,2005.

[191] 李银河.女性权力的崛起[M].北京:文化艺术出版社,2003.

[192] 西蒙娜·波伏娃.第二性[M].郑克鲁译.上海:上海译文出版社,2011.

[193] 陈小眉.西方主义[M].冯雪峰译.南京:南京大学出版社,2014.

[194] 顾明栋,周宪."汉学主义"论争集萃[G].北京:中国社会科学出版社,2017.

[195] 罗如春.后殖民身份认同话语研究[M].北京:中国社会科学出版社,2016.

[196] 拉曼·塞尔登.文学批评理论[M].刘象愚,陈永国等译.北京:北京大学出版社,2003.

[197] 赵一凡,张中载,李德恩.西方文论关键词[M].北京:外语教学与研究出版社,2006.

[198] 拉尔夫·科恩.文学理论的未来[M].程锡麟译.北京:中国社会科学出版社,1993.

后　记

　　本书以笔者的博士论文为基础。回想论文的写作过程,记忆中是不愿回想的潮水般的焦虑和自我怀疑,好在老师和朋友的鼓励、家人们的陪伴也似潮水般围绕着我。没有想到的是修改文章又让人回到当时的焦虑和自我怀疑当中,幸运的是鼓励、陪伴、帮助也一如当初。此时此刻,安慰自己的是传说中爱因斯坦小时候制作小板凳的故事。即便现在有人充分考证了这个故事的子虚乌有,我还是坚定地选择信仰这个故事。

　　在修改文章的过程中,再次阅读了丁玲大部分作品。在这个过程中,常常想到的是所谓"常读常新"。在一个后信仰的时代,文学阅读仍然可以给人安慰,给人温暖,给人鼓励。尤其是丁玲在20世纪中国剧烈的社会变革中所表现出来的持之以恒的勇敢、热烈与冷静,真是让同样身为女性的自己深感幸运,同时又深觉惭愧。幸运的是当下的女性所面临的束缚在丁玲等先驱的浴血努力下已经减少很多了,惭愧、汗颜的是自己在面对困难、束缚时的胆怯与退缩。所以,丁玲仍然是黑暗中的那座灯塔,是那座高高的灯塔。不管是在私人领域,在文学创作中,还是在社会重大问题上,丁玲所展现的主体意识,所呈现出的现代性,所显露出来的强悍,放在目前年代仍然具有强烈的先锋姿态。用当下话语来说,丁玲就是一个妥妥的"大女主"。

　　但是让人遗憾的是,当下阅读丁玲作品的普通读者确实不多。

这不仅仅是丁玲的遗憾,也是读者的损失。作为一个文学实用主义者,我认为这正需要文学批评发挥自己的专业优势,讲好丁玲故事,传播丁玲经验,改变普通读者关于丁玲的常识,让丁玲及其作品成为千千万万普通女性、普通人的精神资源,让人们从丁玲及其文学叙事中得到启迪、指引、鼓励和安慰,获得努力成为一个普通英雄的力量。

在修改中,我也持续感受到了文学批评、文学理论的魅力。丁玲及其作品在美国学者的阐释中多姿多态地绽放,让我领略到不同理论的深刻解释力量,丁玲故事因而富有更多的意味,也更好地呈现了文学的丰富性、复杂性与暧昧性。这也许就是昆德拉所说的"小说的智慧"。

在爬梳美国学界丁玲研究的过程中,"差异与同一"这对哲学基本范畴经常会涌入我的脑海,"他们和我们是如此相似,他们和我们是如此不同"这样的感叹也会时常闪现在心头。正是因为有这样的感叹和感受,作为一个普通的个体,我更坦然、更自然,也更复杂地面对日常生活中诸多的共鸣与差异,观察当下异常波谲的地缘政治与国家博弈。这其中的繁复与微妙着实考验每个人及人类的智慧。

感谢罗婷先生、季水河先生等诸多师长多年来的谆谆教诲、殷殷期望和鼎力支持。感谢海南师范大学文学院提供了这样一个宝贵的机会。

最后要说的是,由于才疏学浅,本书必然存在不少不足与错误,敬请各位大家赐教。